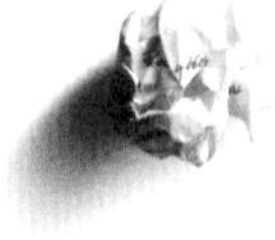

Manual del redactor publicitario
¿Reglas, normas, técnicas? ¡Rómpelas!

Manual del redactor publicitario

¿Reglas, normas, técnicas? ¡Rómpelas!

Mariano Castellblanque

ESIC

Madrid, 2005

© ESIC Editorial
Avda. de Valdenigrales, s/n
28223 Pozuelo de Alarcón · Madrid
Tel.: 91 452 41 00 · Fax: 91 352 85 34
www.esic.es

© Mariano Castellblanque
ISBN: 84-7356-431-6
Depósito legal: M. 48.181-2005
Cubierta: Gerardo Domínguez

Fotocomposición y Fotomecánica:
Anormi, S.L.
Doña Mencía, 39
28011 Madrid

Imprime:
Gráficas Dehon
La Morera, 23-25
28850 Torrejón de Ardoz · Madrid

Impreso en España

Índice

Prólogo

Hace unos días, al llegar a mi despacho, me encontré con varios papelitos de esos de llamadas telefónicas. Uno de ellos decía textualmente: "ha telefoneado Mariano Castellblanque, profesor de redacción publicitaria de la Universidad Autónoma de Barcelona. Quiere que le prologues un libro que ha escrito. Te volverá a llamar".

Lo hizo, y mi curiosidad me llevó a aceptar la cita.

Desde que escribí "El Libro Rojo de la Publicidad" tengo un gran respeto por las personas capaces de escribir un libro. David Ogilvy me dijo una vez: "uno no sabe lo poco que sabe de algo hasta que se sienta a escribir de ello".

Mariano entró en mi despacho decidido. Puso sus folios encima de la mesa y me leyó el título: "Manual del Redactor Publicitario. ¿Reglas, normas, técnicas? ¡Rómpelas!".

Por un momento pensé que tenía que decirle que no, que me era imposible leer su libro en los próximos días y que consecuentemente no podía prologárselo.

Pero antes de decirle nada espetó: "verás como en cuanto empieces a leerlo no lo podrás dejar".

Me picó aún más la curiosidad. ¿Sería seguridad en sí mismo o tal vez una manera de venderme la idea?

Insistió matizando su afirmación anterior: "verás como el primer capítulo no podrás dejarlo hasta leerlo íntegramente".

Yo estaba a punto de salir de viaje a Sudáfrica para una reunión creativa de una semana. Me quedaba después otra semana en Barcelona y a continuación debía volar a Indonesia, donde celebraba ocasionalmente el Consejo de Administración mundial de Ogilvy & Mather, por lo que le dije que, si de verdad podía leer su libro de un tirón, le escribiría el prólogo entre los dos viajes.

Hoy, martes 4 de Marzo, de las 9 a algo más de las 12 de la noche, he comprobado que Mariano tenía razón. He leído su libro de un tirón y he disfrutado con él; en primer lugar porque Mariano es un excelente redactor, pero también por otras razones.

El libro está lleno de frases y de citas interesantes, con lo que el autor nos demuestra no sólo su capacidad de escribir sino también su capacidad de leer y de asimilar, condición necesaria para ser un buen profesor universitario.

Estas son algunas de las que más me han gustado:

"El redactor publicitario no escribe para los productos, no escribe para el anunciante, escribe para la gente".

"Los mejores copywriters que conozco leen todo lo legible, incluso las etiquetas del ketchup, los ¡flash! de las botellas o los ingredientes de un bote de esmalte de uñas" –Sheila Dorton, directora creativa de "The Hiebing Group".

"Muchos copywriters y directores creativos te dirán que la redacción publicitaria no tiene reglas, que la buena publicidad rompe las normas. Quizá sea así. Pero antes de romper las reglas, tienes que conocerlas" –Robert Bly, *The Copywriter's Handbook*".

"El buen redactor publicitario es como una esponja que capta todo lo que se cruza en su camino y lo convierte en información que devuelve a la audiencia en forma de mensaje".

"Hay tres clases de autores. Los que piensan sin escribir. Los que piensan conforme están escribiendo. Y los que piensan antes de comenzar a escribir. Son los más raros" –Schopenhauer– *Common sense in Advertising*/Charles F. Adams.

Yo había leído buena parte de los libros de la amplia bibliografía que menciona, pero me ha encantado volver a recordar muchas de esas frases, una detrás de otra.

Sin duda hay en el libro, fruto de su tesis doctoral, un trabajo de investigación, de recopilación y de ordenación remarcable.

Lo más sorprendente es que Mariano Castellblanque empezara su vida profesional en Televisión Española como periodista de informativos y fuera luego ejecutivo de cuentas antes que redactor publicitario.

Leer el "Manual del Redactor Publicitario" es como leer, a la vez, un montón de libros de famosos redactores de diferentes generaciones. Pero sin perder el hilo en ningún momento.

Estoy seguro que a David Ogilvy le habría encantado conocer a Mariano Castellblanque, como me ha gustado conocerlo a mí, y discutir con él uno de sus temas favoritos: los textos que hacen vender.

LUIS BASSAT

Publiprefacio

Historia de este libro (por qué y para quién)

Cualquier libro es "todo" menos un montón de páginas. Un libro es, antes que nada, el resultado de muchas experiencias, de años de observación, de lecturas apasionantes y apasionadas, de un paso atrás y dos adelante, y, sobre todo, de mucha reflexión. Detrás de cada libro hay siempre una historia. Esta es la historia de este libro.

Cuando acabé la carrera de publicidad en la facultad de Ciencias de la Comunicación de la UAB y estaba en McCann Erikson Barcelona, primero de *ejecutivo* y luego de *creativo*, escribí una carta al que había sido mi excelente profesor de Creatividad Publicitaria, José Mª Ricarte, y le dije: "Me gustaría volver un día a la facultad y ser profesor creativo, no para quitarte el puesto, sino para complementarlo". Y pasaron los años. Hoy formo parte de su equipo y tengo a mi cargo una asignatura que se llama "*Estrategia, Conceptualización y Redacción del Mensaje Publicitario*". Es decir, lo mejor que le puede pasar a un redactor publicitario: escribir anuncios y enseñar a escribirlos.

Escribir anuncios es la inmediatez, es estar al pie del cañón, es el... apunten... disparen... ¡fuego! Enseñar es otra cosa, implica un gran esfuerzo que obliga a reflexionar, pensar, leer, ordenar, sistematizar, ejemplificar. Es decir, aprender a la vez que se enseña y enseñar a la vez que se aprende, y todo con la máxima profesionalidad. Fruto de esta constante y disciplinada actividad presento ahora este *Manual del Redactor Publicitario*, muy útil para estudiantes de publicidad, redactores que comienzan, colegas de profesión que quieren reciclarse y todos los anunciantes. Manual que no existía en España y que estaba haciendo falta desde hacía muchos años.

Pero éste sólo es el principio de la historia de este libro. En mis primeros días como redactor creativo en McCann Barcelona, Natuli Luis, mi amabilísimo, singular y sutil director creativo, me dijo un día: "Mariano, escribes bien, pero largo". Rápido aprendí que se refería a la longitud de mis textos y no a mi casi 1,90 de altura.

Luego vino Londres, donde trabajé como redactor de Translators in Advertising. Un día, en pleno Soho, estaba dirigiendo la grabación de unos textos en español para Levi's. Llevábamos una hora y pico repitiendo algunos párrafos que no había manera de que quedaran a mi gusto (era el único español de la sala, aparte del locutor, así que estaba ejerciendo de director creativo). Allí estaba John Hegarty, de BBH (Bartle Bogle Hegarty), que no hablaba ni papa de español, pero que sentía el ritmo, el énfasis y el teatro que yo quería dar a la locución y que el locutor, en un mal día, no acababa de coger. Hegarty dijo: "Hazlo tú". ¿Con mi voz? (dije yo). "Sí, con tu voz; es normal y es creíble. La publicidad es para la gente normal y tiene que ser creíble".

Y sigue la historia. En Tokio conocí a Tokuro Asumi, director creativo de Dentsu, y le comenté que los códigos que utiliza la publicidad japonesa son incomprensibles para los occidentales. Él me respondió regalándome un libro, *Japan 1992: Marketing and Advertising Yearbook (The only English-language publication which explains marketing and advertising trends in Japan)*. De Tokuro y del libro que me regaló aprendí otra cosa: las reglas de la publicidad no las dictan los publicitarios, las dictan los consumidores.

Luego vino la tesis doctoral, bajo el título "*El proceso creativo de la redacción de textos en la comunicación publicitaria*", que si bien como toda tesis tiene un aspecto, forma y finalidad académica, implica necesariamente dos posturas: la del camicace que se tira de cabeza a bucear en el tema y la del monje de clausura que se encierra para investigar, leer, asimilar, reflexionar y escribir en busca de la esencia y de los principios que rigen la redacción publicitaria. Algunos miembros del tribunal vieron en parte de mi trabajo un buen manual de redacción publicitaria. Como se puede ver no eché en saco roto esta sugerencia.

Resumiendo en líneas generales la historia de este libro:

- ***En publicidad hay que escribir corto (casi siempre).***
- ***La publicidad tiene que ser creíble (siempre).***
- ***Los consumidores son los reyes de la publicidad (siempre).***
- ***Se aprende mucho enseñando todo esto (siempre).***

Y además, como es de bien nacidos ser agradecidos, agradezco a Valentín y a Carmen (mis maravillosos padres) el haberme enseñado que "el que siembra recoge". A Mª Carmen por entender y apoyar a su hermano, "siempre estudiante". A Irene por soportar, aguantar y estimular las neuras de mi pasión por la publicidad y además pensar hacerlo toda su vida. A José Luis y Vanessa por ser como el día y la noche y ser tan iguales a la vez. A Mariano-Rainer y Dorothy-Nora por ser mis maravillosos *children.* A Mario Herreros Arconada, mi primer profesor de publicidad, por sembrar la primera pepita publicitaria. Al profesor José Mª Ricarte, porque así como Ulises tenía un amigo llamado Mentor yo disfruto de su amistad como Ulises que es y como mentor. A Luis Bassat, Presidente de Bassat, Ogilvy & Mather, por prologar el libro en unas circunstancias muy publicitarias: "el prólogo tiene que estar para... ¡ya!". A Joaquín Santamaría, director general de Roche-Nicholas, por amigo y por "general". A MN, ya sabe por qué. A Ritsuko Nakajima. A Alejandro Ávila, compañero de carrera, amigo e inductor de este libro. A todos mis directores creativos de los que he aprendido algo, de algunos incluso lo que no hay que hacer. A todos los Anunciantes para los que he trabajado, trabajo y trabajaré. A todos nuestros Clientes de *Traducciones de Publicidad (T de P)* www.t-de-p.com. A todos mis alumnos de la Universidad Autónoma de Barcelona (UAB) porque estimulan mi constante interés por aprender y por enseñar.

N.B. Cuando a lo largo del libro hablo del "redactor publicitario" lo hago de forma genérica incluyendo a redactores y redactoras. ¡Faltaría más!

MARIANO CASTELLBLANQUE

Publiprefacio (de la segunda edición)

Cuando después de unos años escribes un nuevo prefacio para la actualización y reedición del que fue tu primer libro sientes una emoción especial porque irremediablemente miras hacia atrás para ver qué ha ocurrido desde entonces en tu vida personal y profesional, pues en cierta manera cada libro es un poco autobiográfico.

Este libro también lo es. Y voy a volcar brevemente esa parte autobiográfica en este segundo prefacio de mi primer libro. Si no te interesa pasa de largo y vete directamente al grano. Vete a la "INTRODUCCIÓN. Dios: el primer redactor publicitario".

Pero si te interesan las personas, lo que hacen y cómo evolucionan sigue un poco más conmigo. Quizás puedes aprender algo (no puedo evitar la vena de profesor universitario que soy).

Cuando publiqué "Manual del Redactor Publicitario" acababa de doctorarme en Publicidad y Relaciones Públicas y tenía una fe ciega en la publicidad, hoy sigo teniendo la misma fe pero ya no es ciega, es crítica. La edad hace esos estragos y otros en la mente. A cambio tengo más experiencia, más vivencias y un poquito más de sabiduría.

¿Qué quiero decir con esto? Básicamente tres cosas.

LA PRIMERA. Que tras haber tenido un cúmulo de experiencias nuevas y haber conocido personas muy interesantes, unas amigos, otras clientes, y otras amigos y clientes (Paul Fleming, Presidente de Barcelona Virtual; Luis Bassat, Presidente del Grupo Bassat Ogilvy; el ya retirado Joaquín Lorente, ex Presidente de Lorente Grupo de Comunicación, Joost van Nispen, Presidente del Instituto de Comercio Electrónico y Marketing Directo (ICEMD), Rosa Tous, Directora de Marketing y Comunicación de la muy creativa y emprendedora familia Tous, hoy simplemente TOUS, Alberto Palatchi, Presidente de PRONOVIAS, Robert Sternberg, profesor de la Universidad de Yale (USA), Aubrey Ghose, Director General de AIS (Análisis-Innovación-Soluciones), Rafael Isún, Vicepresidente de la cadena Derby Hotels, José Mª Ricarte, Catedrático de Publicidad, sobre todo José Mª Ricarte, profesor, tutor, mentor, amigo… y un largo, etc.) aprendes siempre cosas nuevas, porque escucharles es aprender. Todos ellos son personas que han hecho "algo nuevo". Algunos han creado empresas de éxito, otros dirigen empresas de éxito, o simplemente por lo que hacen, dicen y cómo lo dicen son personas de éxito.

De todos ellos he aprendido que la "creatividad" y la "innovación" son la clave del éxito, del desarrollo empresarial, económico y social, de la evolución de las personas, de la creación de empresas y del bienestar de la sociedad en general. Todos ellos son innovadores y escucharles es aprender a crear e innovar. Yo les he escuchado y les sigo escuchando.

LA SEGUNDA. De pequeño era un forofo de los tebeos de hazañas bélicas, de Roberto Alcazar y Pedrín, de Zipi y

Zape, de Mortadelo, del TBO, etc.; luego me dio por la literatura de entretenimiento, de ficción y por la literatura política y leía todo lo que me caía en las manos (Becker, Borges, Roland Jaccard, Sender, Marx, Hengels, Aldous Huxley). Luego estudié y pasé por el periodismo (redactor de internacional del telediario en TVE en Madrid y Barcelona, El Periódico de Catalunya, la revista japonesa AMICS) y fui comunista un mes (hasta que visité un país comunista). ¡Un mes! El tiempo justo para darme cuenta para siempre que todos somos iguales pero a la vez todos somos diferentes y que la iniciativa personal y la savia de los creativos, de los emprendedores y de los innovadores mueven el mundo de las ideas, del pensamiento, de la ciencia, de los avances tecnológicos, y sobre todo de las empresas del mercado libre.

El Estado no puede nunca anular al individuo. El motor no es el Estado: es el individuo.

Luego estudié publicidad y me doctoré en Publicidad y Relaciones Publicas en la Universidad Autónoma de Barcelona y leí todo lo que me caía en las manos sobre empresas, marketing, management, consumidor, innovación, creatividad, redacción publicitaria, sobre todo redacción publicitaria, pues me gustaba mucho escribir y gracias a ello pasé de ejecutivo de cuentas a creativo en McCann Erikson Barcelona, donde me "inauguré" como redactor publicitario.

Y todo ello combinado con numerosos viajes profesionales y de placer a París, Londres, Amsterdam, Milán, Munich, Tokio, Seúl, Lisboa, El Cairo, Atenas, etc. Precisamente de un viaje y una instancia en Londres nació una idea que luego se convertiría en la empresa que creé y dirijo en Barcelona: "Traducciones de Publicidad - T de P", una red internacional de redactores publicitarios, que traduce-adapta-recrea-redacta-revisa textos publicitarios y de marketing a más de 40 lenguas. Imagínate hacer lo que profesionalmente más te gusta: enseñar a escribir publicidad en la universidad y crear y escribir publicidad para clientes de todo el mundo con colaboradores por todo el mundo.

Leer mucho y de todo te da una visión muy amplia de la vida y de las cosas, y el redactor publicitario tiene que tener esa amplia visión para hacer bien su trabajo porque trabaja con ideas, con palabras y con productos y servicios muy diferentes. Cuanto más hayas leído, más hayas viajado, más gente diferente hayas conocido, más rico eres en palabras, en experiencias, en ideas y en su combinación, que es una de las claves de la creatividad. El redactor publicitario es un escritor muy especial, pero sobre todo es un observador, un viajero por la imaginación y un lector.

LA TERCERA. Cuando ves las noticias de la televisión, lees la prensa, y observas y reflexionas sobre el mundo y sobre cómo va el mundo... piensas: ¡algo no va bien! Los países ricos son cada vez más ricos, los pobres son cada vez más pobres, los desequilibrios se acrecientan, hay hambrunas y necesidades básicas no cubiertas de millones de personas en pleno siglo XXI, los movimientos migratorios son fruto de la desesperación, terrorismo internacional, el medioambiente se resiente de las agresiones de los humanos, deforestación, cambio climático, etc.

Algo no va bien. Y es que las empresas, los consumidores y, por la parte que nos toca, los comunicadores tenemos que hacer algo más de lo que hacemos. Ganar dinero es lícito y loable porque como dijera Alfonso X el Sabio.

Los dineros son de amar,
pues sin ellos grandes cosas,
legítimas y piadosas,
no se pueden alcanzar.

Ganar dinero es lícito y loable pero no puede ser el único objetivo. Ganar dinero a toda costa no se justifica con la respuesta de... "es el libre mercado", porque antes del libre mercado están las personas y la satisfacción de sus necesidades básicas de manera digna. En este sentido las empresas, especialmente las grandes empresas, tienen que ser pioneras en hacer las cosas bien para ellas mismas, para los consumidores y para la sociedad en general. "No estamos en contra de la economía basada en el mercado, sino de la sociedad basada en el mercado" (1), dice el que fue primer ministro francés Lionel Jospin. No cabe duda de que el mercado libre es tanto una consecuencia como una causa de muchos fenómenos muy negativos para los seres humanos. Por eso las empresas tienen que ser innovadoras e incorporar a sus filosofías, misiones, metas, estrategias y objetivos: la ética y la responsabilidad social. Las empresas que sean pioneras en comportarse éticamente y en demostrarlo a la población tendrán una ventaja competitiva ante los consumidores y un elemento innovador a comunicar.

Los publicitarios en general y los redactores publicitarios en particular podemos mostrar a nuestros clientes que la responsabilidad social es un valor seguro a llevar a cabo de manera efectiva y, por supuesto, a comunicar a consumidores y no consumidores.

Si los publicitarios tratamos de vender, seducir, animar, impulsar, inducir a que los consumidores hagan o dejen de hacer algo, si lo hacemos de manera inteligente y si como dice el profesor, filósofo y escritor J. A. Marina, "la inteligencia es la capacidad de dirigir el comportamiento para salir bien parados de la situación en que estemos" (2), entonces la innovación empresarial, la creatividad publicitaria, y la redacción de textos que son fruto de la inteligencia han de tener una finalidad socialmente responsable.

No se trata de enderezar el mundo con la publicidad. Se trata de enderezar el mundo con todos los medios disponibles. Y la publicidad es uno de ellos, y muy poderoso. Por eso, como persona, como profesor universitario, como publicitario... y como dijera T. Roosveelt: "Haz lo que puedas, con lo que tengas, estés donde estés".

Pero hazlo.

NOTAS BIBLIOGRÁFICAS

(1) Etzioni, A.: *The Third way to a good Society*. Demos, London, 2000, p. 47.

(2) Marina, José A.: *La creación económica*. Deusto, Bilbao, 2003, p. 15.

Introducción
Dios: el primer redactor publicitario

Dios fue probablemente el primer redactor publicitario, el primero en crear el primer anuncio, el más efectivo, el más notorio, el que mayor recordación ha conseguido en la historia de la humanidad, el que más ventas ha logrado, el que ha obtenido la imagen de marca más duradera y todo ello con un solo anuncio: las Tablas de la Ley y sus Diez Mandamientos. Y aunque parezca mentira no fue un milagro.

Dios conocía a su *audiencia*. Los hijos de Israel que comenzaban a *consumir* otros ídolos y a celebrar fiestas adorando animales. Dios tenía un claro *objetivo de comunicación:* conseguir que los hijos de Israel adoraran a Dios y obedecieran sus preceptos. Dios había resumido sus *ideas* en diez claros *conceptos* y realizó una sóla *campaña* y un sólo *anuncio*: las Tablas de la Ley.

Las Tablas de la Ley tenían un *titular* (Los Diez Mandamientos de la Ley de Dios), una *imagen* (dos losas de piedra), un *eslogan* (Dios es bueno), y un *cuerpo de texto* (la enumeración de los Diez Mandamientos).

Además Dios contaba con Moisés, excelente *ejecutivo de cuentas* que conocía muy bien a Dios y perfectamente al pueblo de Israel. El éxito del anuncio es de todos conocido. ¿Quién puede poner en duda que Dios es el mejor redactor publicitario de todos los tiempos? (1).

Puede parecer una locura, una aberración, una falta de respeto o una irreverencia comenzar este libro sobre la redacción de textos publicitarios identificando las Tablas de la Ley con el primer anuncio publicitario.

También se puede pensar lo contrario. No se le puede hacer mayor honor a Dios, ni a sus Tablas de la Ley, que reconocer desde el principio el mérito de haber sido el primer anuncio que mayor recordación ha conseguido jamás en toda la historia de la humanidad (actualmente más de 1.900 millones de audiencia-clientes en todo el mundo).

Pero no se trata de hacer aquí una "reflexión divina" sobre Dios como redactor publicitario, entre otras cosas porque entraríamos en el campo ideológico y, como parece estar aceptado, invadiríamos el terreno de la propaganda, mientras que la publicidad es un tipo de comunicación exclusivamente comercial.

No obstante hay que admitir que la publicidad es históricamente hija de la propaganda. Pero el tiempo, y sobre todo la evolución del capitalismo, han dado a cada palabra su justo contenido y su propio desarrollo, si bien el fin último de ambas es el mismo: *seducir*.

Según algunas clasificaciones hay varios tipos de publicidad (comercial, de marca, business-to business, institucional, de respuesta directa, de punto de venta, etc.) y varias maneras de clasificar, por ejemplo atendiendo a criterios de inversión. Así la empresa Infoadex es el referente en España con la ya clásica y aceptada división entre medios convencionales y medios no convencionales.

Los medios convencionales incluyen diarios, dominicales, revistas, radio, cine, televisión, exterior e Internet, y los medios no convencionales comprenden mailing personalizado, buzoneo, folletos, marketing telefónico, regalos publicitarios, P.L.V., señalización, rótulos, ferias, exposiciones, patrocinio, mecenazgo y marketing social, patrocinio deportivo, publicaciones de empresa, anuarios, guías, directorios, catálogos, juegos promocionales, tarjetas de fidelización y animación en punto de venta (2).

Lo cierto es que la publicidad en su conjunto es toda una industria que mueve miles de millones de euros, que tiene valor propio en todo el mundo como sector, que es muy competitiva entre sí, que requiere mensajes creativos y originales para distinguirse de los demás mensajes, que han de ser cuidadosamente pensados y excelentemente ejecutados para poder *seducir a millones de personas a la vez,* ya sea para vender un producto o un servicio, para recaudar dinero, para evitar accidentes de tráfico, para ayudar al tercer mundo, etc.

Se trata pues de coger el toro por los cuernos y estudiar en "humana reflexión" no ya el fenómeno de la publicidad, sino la figura del redactor publicitario y el proceso creativo de la creación y redacción de textos publicitarios como elemento clave de la comunicación publicitaria en su acepción moderna; es decir, desde que la comunicación publicitaria se convierte en una variable al servicio del marketing y todo lo que conlleva: la necesidad de establecer un diálogo eficaz entre fabricantes y consumidores con palabras, imágenes y sonidos.

Del redactor publicitario (*copywriter* en inglés) nos interesa su origen, su perfil, sus fuentes de información en el proceso que sigue para la creación y redacción de textos publicitarios, el logro de la idea y el uso de la palabra. También nos interesan las opiniones de famosos redactores que han hecho esta apasionante profesión a base de aciertos y de errores, como de hecho ya advierte Rosser Reeves (1940) en su libro *La realidad en publicidad*: "no creo que sea inoportuno decir que costó mil millones de dólares escribir este libro. Este es el dinero que hemos gastado de nuestros clientes, y hemos cometido muchos errores para llegar a aislar estos principios" (3). Pero lo que nos interesa sobre todo es analizar y saber qué tiene que hacer y qué no tiene que hacer el redactor publicitario para crear y redactar anuncios eficaces. Es decir, saber qué filosofías, principios, estructuras, reglas y técnicas rigen la redacción de anuncios para seducir a la audiencia. No en vano, la razón de ser de la comunicación publicitaria no es otra que crear mensajes creativos para, de una manera u otra, seducir al consumidor.

Hay que recurrir a mayores dosis de creatividad porque ahora las empresas lo tienen más difícil todavía, pues como dice Philip Kotler, "Hoy en día las empresas han de ganar a través de una mayor creatividad. Uno no gana siendo igual que los demás, sino siendo el *único*" (4).

Para este reconocido gurú del marketing hay tres maneras de aumentar la creatividad en la empresa:

1. Contratar personas con una creatividad innata y darles rienda suelta.
2. Estimular la creatividad en la organización mediante la utilización de diversas técnicas
3. Contratar la ayuda de organizaciones expertas en creatividad.

El consumidor se mueve por estímulos conocidos algunos y la mayoría totalmente desconocidos. Por eso la persona que pone en contacto productos y consumidores tiene que tener cualidades excepcionales. Esta persona es el redactor de textos publicitarios, persona creativa por definición y persona que trabaja en una agencia de publicidad a la que el anunciante contrata para que le aporte creatividad en la comunicación. El redactor publicitario tiene que conocerse a sí mismo y conocer a los consumidores como a sí mismo, pero sobre todo tiene que conocer a su producto íntima y totalmente antes de comenzar a trabajar, ya que su inteligencia, motivación, imaginación e inventiva deben provenir del conocimiento del producto (5), como dice William Bernbach.

¿Cómo llega entonces el redactor publicitario a los consumidores? Llega mediante la idea y la palabra. Éstas son las únicas armas que tiene el redactor. Armas que solas, combinadas con imágenes o con imágenes y sonidos se convierten en el elemento motor de millones de voluntades. Ideas y palabras cargadas de mensajes que los consumidores están esperando leer, oír o ver. El redactor publicitario no escribe para los productos, no escribe para el anunciante, escribe para la gente. Por eso tiene que conocer a la gente y conocer el poder de las palabras que mueven a la gente. "*The prospect* (el consumidor) *is more important than the product*", dice el *copywriter* inglés John Bevins (6).

Visto así, el redactor publicitario es el escritor de la eficacia.

NOTAS BIBLIOGRÁFICAS

(1) Klein, Erica L.: *Write Great Ads*. Wiley, New York, 1990, pp. 1-3.

(2) *Estudio infoadex de la inversión publicitaria en España 2005*. Infoadex, Madrid, p. 9.

(3) Reeves, Roser: *La Realidad en Publicidad*. Sever Cuesta, Valladolid, 1964, p. 10.

(4) Kotler, Philip: *Los 89 conceptos esenciales del marketing*, Pearson Prentice Hall, 2003, p. 8.

(5) Higgins, Denis: *El arte de escribir publicidad*. McGraw-Hill, Mexico, 1991, p. 17

(6) D&AD. *The Copy Book (How 32 of the world's best advertising writers write their advertising)*. The Designers & Art Director Association, London, 1995, p. 16.

Capítulo 1
El redactor publicitario: qué es y qué hace

1. LA NOCIÓN DE REDACTOR PUBLICITARIO

Aparentemente cualquier persona con ciertas dotes para escribir debería estar capacitada para escribir publicidad. Pero no es así. "¿Qué tendrá la redacción publicitaria que la hace parecer tan fácil y tener tantos aspirantes?" (1), se pregunta Philip Ward, autor de varios libros sobre redacción publicitaria. El mismo autor da acto seguido la respuesta: "la clave está en la ignorancia de lo que es ser redactor publicitario. Poca gente conoce el gran esfuerzo y el conocimiento profundo del redactor publicitario" (2). La verdad es que son miles las personas que se creen capaces de escribir mejor los anuncios que leen, y que dicen sin pensarlo demasiado: yo lo podría hacer mejor.

Podemos hacernos una pregunta clarificadora: ¿qué es más fácil, escribir un artículo periodístico o un anuncio? El periodista y el redactor publicitario deben tener la habilidad de saber escribir, deben tener conocimientos sobre aquello de lo que tratan, deben tener experiencia, capacidad analítica y ser muy observadores en ambos casos. ¿Qué les distingue entonces? La diferencia está en que el periodista se nutre de temas políticos, económicos, deportivos, etc., y el redactor publicitario se nutre de temas sociológicos y psicológicos aplicados a un producto o servicio. Es más, podríamos decir que el periodista tiene una serie de fórmulas que aplica sistemáticamente: la noticia, el reportaje, la entrevista, la crónica, etc. Mientras que el redactor publicitario no tiene, ni debe tener, ninguna fórmula: cada anuncio está hecho a medida de cada producto o servicio, cada anuncio tiene su propia fórmula.

Se podría incluso decir que el término redactor publicitario no describe exactamente un trabajo, pues no es sólo la persona que escribe las palabras que van en un anuncio sino que crea ideas que se expresan con palabras, sonidos e imágenes. Además, el redactor publicitario habla de hechos concretos que han de persuadir al consumidor y han de incitarle a la acción. Utiliza palabras que deben crear excitación o deseo de adquirir bienes y servicios, y trabaja en el anonimato aunque haga titulares brillantes, textos perfectos o cree nombres y marcas que produzcan grandes beneficios.

¿Qué significa ser redactor publicitario?

La verdad es que cuesta definirlo por la complejidad de su actividad profesional, pero lo que sí está claro es que debe sentirse vendedor, puesto que es justamente lo que está haciendo: ayudar a vender a pequeños, medianos y grandes anunciantes.

Muchos escritores se instalan en su mesa de trabajo y comienzan a escribir, se encierran en sí mismos y escriben palabras sobre cosas o sentimientos. El redactor publicitario hace todo lo contrario, no se encierra en sí mismo, mira todo desde el punto de vista de las personas y desde la perspectiva del negocio, habla con el vendedor, con el dependiente, con el kioskero, con la cajera, con el comprador y recoge sus opiniones. Conoce las tendencias, lo último que acontece en la vida y en la calle, incluso va por delante y si puede se anticipa.

El redactor publicitario tiene que saber y conocer de todo para analizarlo y buscar una gran idea que le permita decir a la audiencia: "esto te interesa". Y que la audiencia al leerlo, verlo o escucharlo piense "esto me interesa". Entonces, y sólo entonces, ha llegado el gran momento: el acto supremo de la compra o del deseo incipiente de llevarla a cabo.

En la cadena fabricante-agencia-consumidor el redactor publicitario es el último eslabón importante antes de llegar al consumidor, puesto que tiene la responsabilidad final. Se espera de él que sepa escribir publicidad, que venda y que vea en la redacción de textos un instrumento de trabajo y no una escalera hacia la gloria dentro de la literatura. Y es que la redacción publicitaria no es fácil de aprender. Es una profesión que se aprende con la constancia, el error y la experiencia, y pocos aprenden, algunos incluso nunca.

¿Qué hace el redactor publicitario?

El redactor publicitario se informa, analiza, piensa, busca una idea, crea campañas y escribe anuncios. Es interesante observar que las opiniones sobre lo que es ser redactor, lo que debe ser la redacción publicitaria y la función del texto publicitario gozan de enorme vitalidad:

1. La ya clásica de que el texto publicitario es venta con letra impresa (*salesmanship in print*).

2. El texto que no presenta un producto a un público para su adquisición, que no ofrece razones por las cuales el público debe comprar no es el arte de vender, pero puede ser sutil persuasión y un creador de impresiones.

3. Hay quien cree que el arte de vender mediante textos impresos es una definición que reduce el rol de la publicidad a la de vendedor ambulante.

4. Existe una cuarta opinión: la de que no todos los mensajes se escriben para vender. Muchos se escriben con la finalidad de crear una sensación de buena fe, fortalecer la opinión pública o cambiar una opinión pública negativa.

Opiniones todas muy válidas porque el redactor publicitario escribe para hacer una cosa u otra, en función de los intereses del anunciante. Pero nadie puede dudar del ineludible aspecto vendedor del texto escrito por el redactor publicitario. Cualquier vendedor profesional ha aprendido y observado en su relación con la gente qué técnica o argumentación tiene más o menos éxito en el acto de la venta.

Lo cierto es que los vendedores profesionales modernos han hecho de su trabajo una ciencia, llegando a describir lo que se conoce como *la anatomía de la venta*. Pero también hay una *anatomía del anuncio* como revela Erika Klein al comparar la estructura de un anuncio con la estructura del cuerpo humano (página siguiente).

Este análisis comparativo nos llevaría a deducir que el vendedor y el redactor publicitario tienen mucho en común, probablemente porque su finalidad es la misma: persuadir. Si bien el camino que tiene que recorrer cada uno para lograrlo es muy distinto. El vendedor tiene delante a su cliente y lo observa, lo estudia, puede conocer sus intereses, puede incluso deducir interesantes conclusiones a partir de cómo va vestido, cómo habla, cuál es su equipo de fútbol favorito, cuántos hijos tiene, dónde vive, etc. El redactor publicitario vende a millones de personas a través de los medios de comunicación, millones de personas que no conoce directa o personalmente, pero a las que tiene que seducir como si las conociera una a una.

Anatomía de un anuncio (3).

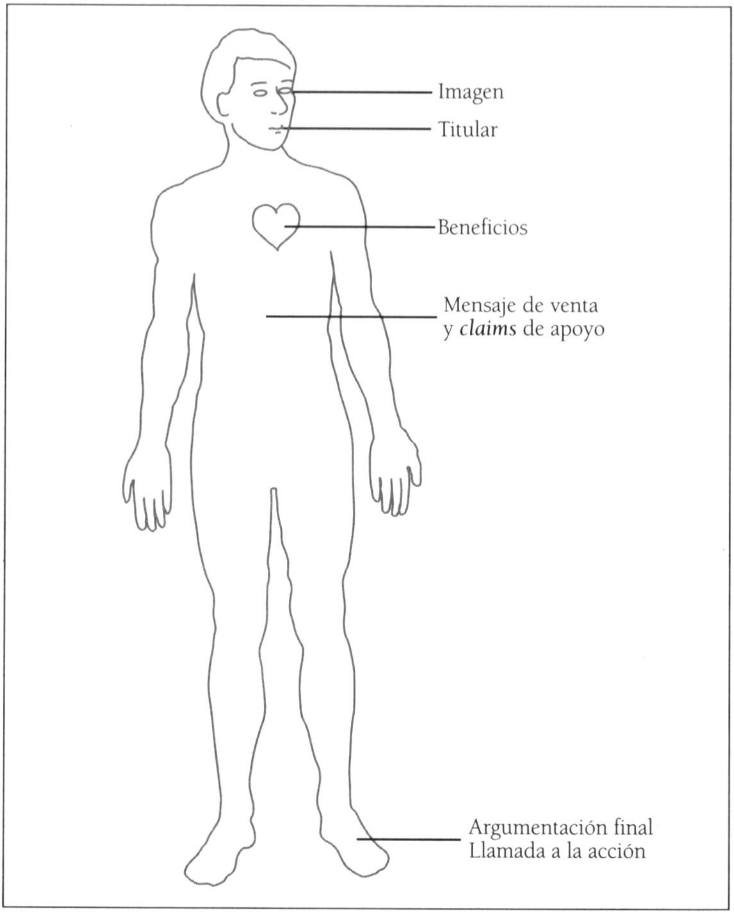

El paralelismo de ambas anatomías podría muy bien ser éste:

Anatomía de la venta	**Anatomía de un anuncio**
– Atraer la atención tras presentarse.	– Los ojos son el visual (foto, dibujo, ilustración...) que capta la atención.
– Despertar el interés describiendo beneficios.	– La voz es el titular que capta la atención diciendo algo interesante del producto o servicio.
– Estimular el deseo de obtener tales beneficios.	– El cuerpo es el mensaje completo de venta. Contiene el corazón, es decir, los beneficios del producto o servicio.
– Convencer de que los beneficios son verdad y que son útiles.	
– Pasar a la acción comprando el pedido.	– Los pies del anuncio incitan a comprar, enviar, telefonear, ir, etc. Son la argumentación que llama a la acción. Supone incitar a dar el último paso hacia la obtención del producto o servicio.
(Jones & Healey, 1973) (4)	(E. Klein, 1990) (5)

Llegado a este punto hemos de admitir que el redactor publicitario tiene una gran fuerza, que le confiere determinados poderes, pues hace que un producto, directa o indirectamente, se venda más. Así, el redactor publicitario vende, persuade, crea impresiones, crea marcas, crea sensación de confianza, fortalece la opinión pública, cambia la opinión pública o, simplemente, se defiende de ella.

Pero, ¿realmente el redactor publicitario puede hacer todo eso con sus textos publicitarios? Puede hacerlo sólo si se apoya en tres sólidas bases que son los fundamentos que mantienen la estructura del texto publicitario:

- *Una estrategia.*
- *Una gran idea.*
- *Las palabras adecuadas.*

Ahora bien, como hemos dicho saber escribir no es suficiente. Apenas afrontada la noción de redactor publicitario podemos ya observar que no es un escritor "normal". Al contrario, parece que tiene unas características y un perfil propio que pasaremos a estudiar a continuación más detenidamente.

2. EL PERFIL DEL REDACTOR PUBLICITARIO (I): Vendedor, persuasor, comunicador

Cuando Hanley Norins, redactor publicitario que trabajó 32 años en Young & Rubicam, iba a escribir en 1966 su excelente obra "*The Compleat Copywriter*" (El Redactor Publicitario Completo) visitó a más de cien redactores de textos publicitarios para preguntarles qué creían que debía decir un libro con tan ambicioso título. Un comentario típico de estos más de cien entrevistados era que los libros de publicidad que habían leído realmente no decían cómo crear una idea, ejecutarla, revisarla, venderla, revisarla de nuevo, producirla y vivir con ella. Cada problema de publicidad es único y estos libros todavía intentan hacer normas.

Y es cierto, difícilmente se pueden dictar normas para escribir publicidad y también difícilmente se puede definir con exactitud el perfil del redactor publicitario. Muchos lo han intentado, pero la profesión cambia, los productos cambian, la gente cambia, la publicidad cambia y por supuesto el perfil del redactor publicitario también cambia, y muy deprisa. De hecho cuando Norins comenzó a redactar las primeras líneas de su libro sobre "el *copywriter* completo" se dio cuenta de dos cosas que no tuvo inconveniente en confesar ya en la primera página:

1. "*The Compleat Copywriter*" no podía ser completo porque no podía recoger absolutamente todas las experiencias y todo el saber acumulado de todos los redactores publicitarios entrevistados.

2. La publicidad es el negocio que más rápidamente cambia y, por lo tanto, lo que hoy funciona mañana no funciona e incluso puede ser contraproducente.

Otro autor, James Norris, se pregunta qué se necesita para ser redactor publicitario y llegar a esta conclusión: "escribir textos de anuncios con éxito es un trabajo duro y disciplinado, se necesita un conocimiento de los fundamentos básicos de la *venta*, un pulido talento para *escribir*, la oportunidad de haber aprendido y absorbido los beneficios del producto, y experiencia, mucha experiencia" (6).

Por otra parte, Patrick Quinn defiende que el perfil del redactor creativo serio es el de alguien que quiere hacer carrera dentro de la publicidad y ganarse la vida haciendo lo que le gusta: *vender escribiendo*. Si bien es cierto que es un vendedor muy especial, porque al redactor publicitario le hace falta un espíritu vivo, una amplia cultura general, un coeficiente intelectual alto y un excelente dominio de la lengua para poder jugar con ella". Otra interesante opinión es la de Sheila Dorton, directora creativa de The Hiebing Group, quien dice que los redactores publicitarios primero y principalmente son lectores. Los mejores *copywriters* que conozco leen todo lo leíble, incluso las etiquetas del ketchup, los ¡flash! de las botellas o los ingredientes de un bote de esmalte de uñas". También es de interés la opinión de Bovée & Arens, quienes consideran que el propósito del *copywriter* es *persuadir* a un grupo o grupos de individuos para que actúen con el fin de satisfacer una necesidad o un deseo.

Qué clase de individuo es éste que, dedicándose a crear y a redactar anuncios de publicidad, es tan difícil de clasificar hasta por los mismos profesionales de la publicidad: ¿vendedor, escritor, persuasor, gran lector?

Mentes privilegiadas ajenas a la publicidad también han opinado sobre él. Así, Charles Dickens dice del redactor publicitario que es el mejor de los escritores, es el peor de los escritores, es prácticamente un hombre de negocios, es un artista temperamental, es un mensajero de los beneficios, es el apóstol de la codicia, es un artesano inspirado, es un mercenario frustrado.

Si pidiéramos a la gente su opinión sobre el redactor publicitario y el trabajo que realiza los adjetivos que le dedicarían muy probablemente serían de dudoso signo, como bien reconoce y refleja el título de una de las obras más emblemáticas del publicitario francés Jacques Séguèla: "*No le digas a mi madre que trabajo en publicidad, ella cree que trabajo tocando el piano en un burdel*". La profesión de redactor publicitario no despierta precisamente una simpatía natural, pero seguramente es porque no se la conoce bien.

Sea como fuere todo apunta a que se considera que un redactor publicitario es, antes que nada, un vendedor. Durante años, y nadie ha podido demostrar lo contrario, ha sido válida la frase acuñada por John E. Kennedy de que la publicidad es venta con letra impresa. Pero hay que matizar que el redactor publicitario es un vendedor con un talento, unas capacidades y unas habilidades muy especiales. Por ejemplo, y en opinión de Hanley Norins, ha de tener algunas de estas características:

- *Dominio de los diferentes estilos y de la sintaxis.*
- *Habilidad para visualizar.*
- *Sentir el color y la forma.*
- *Imaginación poética para hacer que una frase produzca millones en beneficios.*
- *Habilidad para colaborar con artistas, músicos, actores.*
- *Polivalencia y especial capacidad para ver donde los demás no ven, o para hacer de lo obvio una noticia.*

Como se puede apreciar tal variedad de semejantes características presupone una personalidad compleja, si bien todas convergen de manera natural. De la mano de algunos experimentados redactores publicitarios y de algunos autores haremos una reflexión que nos permita definir con mayor exactitud su actividad y su perfil. Así, Hanley Norins ve en el redactor publicitario un vendedor, un persuasor y un comunicador (7):

1. Un vendedor por escrito. Vender es casi una palabra sagrada para el redactor publicitario. Como dice Jim Albright, "nunca olvides que tu misión es vender. El *copywriting* es una ciencia, la ciencia del negocio. El *copywriting* es también un arte, el arte de hacer que los consumidores estén contentos con lo que les están vendiendo. Vender es una combinación de arte y ciencia" (8). Pero como hace observar Hal Stebbins, el hombre que vende personalmente tiene una gran ventaja sobre el que vende de forma impresa: aquél puede modificar sus argumentos para amoldarse a la mentalidad del posible comprador. El *copywriter* no puede hacerlo. Debe actuar como hace un abogado antes del juicio: pensar todos los argumentos. Anticípese y arguméntelos". Aun así, decir que escribir publicidad es el arte de vender mediante la letra impresa no es una garantía de que todo lo que escriba el redactor publicitario tenga éxito. En los tiempos que corren hay que ser muy respetuoso con la audiencia, porque la mayoría de las veces sabe lo que quiere, por eso hoy la venta dura tiene menos que decir que en otros tiempos. La palabra vendedor, sin descartarla, parece quizá demasiado precisa para la compleja y variada actividad que desarrolla el redactor publicitario.

2. Un persuasor. Decir que el redactor publicitario es un persuasor parece razonable cuando se observa la naturaleza de su trabajo. Ha de permitirse humor, nostalgia, tristeza u otros sentimientos en el texto para establecer un estado de ánimo, pero nunca debe olvidar que los está usando como medio de persuasión. La diferencia entre vender y persuadir, aunque sutil, existe. Todo anuncio o spot está vendiendo algo. Si la venta se basa en una emoción o en un buen sentimiento hacia el cliente y le hace actuar: eso es persuasión.

Nicolas Samstag, que escribió un libro sobre esta profesión y lo tituló *"Persuasión for Profit"* (Persuasión para el Beneficio), afirma que la búsqueda del beneficio no es exclusiva del redactor publicitario. Todo el mundo busca un beneficio, como ya describió de manera simple y clara Adam Smith en 1776 en su obra *"Inquiry into the Nature and Causes of the Wealth of Nations"*, más conocida como *"The Wealth of Nations"* (La Riqueza de las Naciones), cuando dice que no es la benevolencia del carnicero, el cervecero o el panadero lo que proporciona la cena, sino su propio interés.

3. Un comunicador que trata de decir algo a alguien. Comunicar es mucho más que informar. El publicista español Salvador Pedreño, de la agencia Casadevall Pedreño PRG, dijo en la lección inaugural del curso 1994-95 en la facultad de Ciencias de la Comunicación de la Universidad Autónoma de Barcelona que comunicar es poner a "dos en contacto", mientras que informar es "decir algo para que el otro lo sepa". El redactor publicitario trata de poner en contacto el producto o servicio con el consumidor. Es por lo tanto un comunicador y no un informador. En este mismo sentido Jim Ring, autor de *"La publicidad a debate"*, defiende, sin embargo, que la publicidad tiene como objetivo *comunicar información*, y como él mismo dice, merece la pena detenerse unos momentos en estas dos palabras. *Comunicar* es importante porque significa no tanto afirmar o expresar como revelar o transmitir. Muchas empresas son perfectamente capaces de decir a sus consumidores lo que quieren que éstos crean respecto de su marca, pero pagan grandes cantidades de dinero a las agencias porque dan vida a las afirmaciones, capturan la imaginación del público y por lo tanto comunican ideas que (a menudo) se recuerdan y (a veces) se utilizan. Esto en cuanto a la comunicación. El segundo punto es que la *información* comunicada no es información antigua y queda limitada a una información relativa a productos y servicios, a veces también a causas y obras de beneficencia y a veces a puntos de vista. Los objetivos de publicidad que tengan como propósito cualquier otro que no sea *comunicar información* no son –hablando en términos estrictos– objetivos de publicidad.

Como se puede observar el tema es complejo por cuanto toda comunicación lleva implícita una información. Por eso, quizá la pregunta clave esté en plantearse qué tipo de información transmite y selecciona el redactor publicitario para comunicar a través de la publicidad. En opinión de Jim Ring la publicidad transmite dos tipos fundamentales de información: en primer lugar, la que pretende hacer que los compradores potenciales *perciban* un producto o un servicio y, en segundo lugar, la destinada a lograr que los compradores *piensen o sientan* de manera diferente respecto de un producto o servicio existente (9).

En una concepción más moderna todo apunta a que la palabra *vendedor* es muy limitada, incluso estrictamente inapropiada puesto que el redactor publicitario directamente no vende nada; en todo caso ayuda a vender indirectamente. Sin embargo *persuasor* es demasiado extensa, pues hay muchos competidores que se apropian gustosos de este término. Por ejemplo, los políticos que buscan el voto desesperadamente, los líderes religiosos, los abogados que defienden a su cliente ante el juez para convencerle de la inocencia de su defendido, los fiscales para demostrar la culpabilidad del acusado. Visto así, *comunicador* es probablemente la palabra que, de manera global, mejor define al redactor publicitario.

Redactor publicitario: Un comunicador muy especial

Hay muchos tipos de comunicadores. De nuevo, esta palabra es igualmente válida para periodistas, escritores, políticos, profesores, actores, conferenciantes, cantantes, etc., aunque sólo el redactor publicitario puede apropiarse de ella de una manera más íntima, y es así por varias razones.

La primera *razón es que el redactor publicitario tiene el trabajo más duro de todos los comunicadores*. Así lo reconocen algunos autores, como Aldous Huxley, quien admite que la publicidad es una de las más interesantes y difíciles formas literarias modernas.

O el experto en etimología Bergen Evans, quien considera que después de la poesía el lenguaje es utilizado con suma intensidad en publicidad. Charles L. Whittier va mucho más allá y hace una comparación muy sugerente entre los distintos comunicadores que se expresan mediante la palabra escrita. Whittier dice que un autor puede especializarse en una clase de escritura (novelas, historias cortas o artículos), un poeta puede restringir sus escritos a pensamientos que arden o que exploran el interior humano, un dramaturgo queda satisfecho cuando al ejecutar sus diálogos obtiene éxito y genera negocio, y un reportero de un diario hace sus textos tan interesantes como sea posible pudiendo fácilmente haber un divorcio entre los hechos y su interpretación. Pero un redactor de publicidad tiene que combinar todas estas habilidades. Aún peor, el redactor publicitario tiene que comunicar con grandes restricciones de espacio y de tiempo y, por si fuera poco, nadie compra voluntariamente sus anuncios, sino que se encuentran con ellos tras haber adquirido un periódico o una revista o al estar sentado ante el televisor para ver un programa que sí se ha seleccionado. El redactor publicitario no tiene audiencia voluntaria porque, a diferencia de todos los comunicadores, desde siempre se ha entendido a sí mismo como vendedor y como persuasor y nunca como comunicador.

La segunda razón es que *el redactor publicitario comunica y se comunica a muchos y diferentes niveles*. El proceso de escribir y argumentar un anuncio es sólo una pequeña parte de su tiempo. El resto lo invierte en comunicarse con otra mucha gente que, a su vez, se mueve en diferentes escenarios. El redactor publicitario necesita saber todo sobre el producto, los consumidores y los competidores. Del producto, cómo se fabrica, de qué se compone, cómo se utiliza, cómo se presenta en el mercado, dónde lo puede encontrar el consumidor, etc. Del consumidor, su edad, ingresos, estilo de vida, hábitat, costumbres, impulsos, emociones, etc. De la competencia, si su producto es mejor o peor, por qué lo prefiere o lo rechaza la gente, sus diferentes precios, si tiene más o menos ventajas, si tiene mejor o peor imagen en el mercado, etc. y así con cada uno de los competidores.

Como es comprensible, el redactor publicitario no puede conseguir toda esta información por sí solo, por eso se informa y se comunica con el fabricante, los técnicos de I+D, los directores de marketing, los directores de ventas y los directores de publicidad. Pero esta información siempre es de segunda mano y pueden escaparse detalles lo suficientemente importantes como para no descartarlos e incluso convertirlos en la verdadera ventaja del producto, o al menos en una ventaja muy competitiva.

La tercera *razón es que al redactor publicitario se le considera un experto,* por lo que, además de todas las dificultades que hemos visto que tiene, a la hora de la verdad está obligado a obtener resultados. El anunciante paga a una agencia para que su anuncio de televisión de veinte segundos produzca unas ventas o una imagen que, como mínimo, superen la inversión hecha en televisión. Y lo mismo ocurre con un anuncio de prensa, de revistas o de radio.

Como se puede ver, el redactor publicitario tiene una gran responsabilidad: escribe anuncios para ser leídos, vistos o escuchados, no tiene audiencia voluntaria y se le exigen resultados. El redactor publicitario es un escritor de alto riesgo. Un arriesgado comunicador.

A modo de síntesis se puede decir que el redactor publicitario desarrolla una compleja actividad que no se centra en exclusiva en una sóla acción: busca hechos de los que informar, cualidades que vender del producto, es también un persuasor que no trabaja sólo, es intuitivo, es creativo, es un experto comunicador que necesita estar bien informado y finalmente, sólo finalmente, escribe anuncios.

Creatividad: una palabra clave

El redactor publicitario es un *creativo*, pero lo cierto es que no todos los redactores son creativos en todos los medios de comunicación. Hay redactores publicitarios que brillan en un medio de comunicación concreto y pasan desapercibidos en otro. Hay especialistas en anuncios de prensa, otros en televisión, otros en marketing directo, otros en comerciales de radio. Lo cierto es que, dependiendo del producto y del medio de comunicación, el trabajo del redactor varía sustancialmente, aunque todos tienen algo en común: todos ellos tienen que comunicar información sobre sus productos y servicios intentando influir e interesar a su audiencia.

Sin embargo, esta simple afirmación se convierte en una verdadera arma de guerra cuando cientos de redactores publicitarios trabajan en busca de una creatividad que los distinga de los demás, que marque la diferencia de la comunicación del producto del que son responsables. Entramos de lleno en la palabra más querida, más amada, más temida, y más buscada de la publicidad: *creatividad*.

¿Y qué es creatividad? Un breve paseo por su etimología nos puede dar una aproximación al concepto. Creatividad tiene la raíz indoeuropea *ker*, en latín *ceres*, dios de la agricultura y evoluciona como *kre*, para en latín convertirse en *creare*, que significa *llevar hacia adelante*, *hacer crecer*, *origi-*

nar. Es decir, busca inventar, originar ideas que hagan participar, que evoquen reacciones y resuelvan problemas.

A la creatividad se le atribuyen casi siempre todos los éxitos porque de ella sale la buena publicidad y el redactor lo sabe, de ahí su responsabilidad al "crear creatividad".

El anunciante se pone en manos de la agencia con verdadera fe porque espera mucho de ella y la agencia trata de poner su profesionalidad y su talento al servicio de esta causa. ¿Cómo saber si la creatividad es buena? La buena publicidad tiene que lograr el mayor número posible de compradores, con el menor coste posible y con el mejor mensaje de venta. Para lograrlo el redactor publicitario debe descubrir la información más interesante y debe presentarla de la manera más enérgica y provocativa para que cada uno de los lectores vea, lea, o escuche el anuncio y no le pase desapercibido.

Cómo crear creatividad

Todos los profesionales de la publicidad intentan comunicar de manera efectiva, pero ¿cómo lo hacen? Hay muchas opiniones e interesantes afirmaciones al respecto, y todas juntas tratan de describir la verdadera actividad del redactor publicitario mediante lo que podríamos llamar las *normas para crear buena publicidad*.

Sin embargo, todos los redactores publicitarios opinan que la buena publicidad no tiene normas, ni reglas, ni leyes, porque cada anuncio es una pieza única. Robert Bly comparte las dos posturas: "muchos *copywriters* y directores creativos te dirán que la redacción publicitaria no tiene reglas, que la buena publicidad rompe las normas. Quizá sea así. Pero antes de romper las reglas, tienes que conocerlas" (10). De la misma manera Jim Albright considera que "todo buen escritor sabe que las normas pueden ser rotas. Lo importante es conocer bien las normas para saber cuándo son adecuadas y cuándo es preferible romperlas" (11).

Quizá estas dos opiniones coincidentes sean un excelente punto de partida. Primero conocer esas reglas, leyes, normas o mandamientos que rigen la publicidad; luego romperlas o ignorarlas. Sólo así se puede *crear creatividad* eficaz al servicio de un producto o servicio.

3. EL PERFIL DEL REDACTOR PUBLICITARIO (II): Creativo, pensador, escritor

La profesión de redactor publicitario necesita grandes dosis de creatividad y no deja de ser curioso que los dioses de la redacción publicitaria, todos grandes creativos, tengan los más diversos orígenes. Por citar algunos, Claude Hopkins comenzó como maestro de escuela rural; John E. Kennedy tuvo como primer trabajo el de policía Montada del Canadá; David Ogilvy fue cocinero durante diecisiete años; William Bernback escribía discursos para gobernantes, alcaldes, personajes famosos; Leo Burnett comenzó de aprendiz de impresor; George Gribbins se formó como periodista; Rosser Reeves se inició como redactor.

Sobre los rasgos de personalidad que debe tener el redactor publicitario, David Ogilvy llegó a decir que para acumular un grupo de gente creativa se necesita un alto porcentaje de brillantes y excéntricos inconformistas. Pero no es cierto, hay brillantes redactores publicitarios que son la calma más absoluta, que visten traje y corbata clásica y que gozan de un equilibrio envidiable.

¿Podemos entonces hablar de una tipología de personas que pueden ser excelentes redactores publicitarios creativos? ¿Se puede enseñar a ser creativo? Sobre este tema hay muchas opiniones y se han hecho algunos estudios sobre la personalidad creadora de estos profesionales, pero no hay nada definitivo. "La mayor parte de los directores creativos coinciden en que no es posible enseñar la creatividad. Podemos descubrirla, caracterizarla, apoyarla o destruirla. Pero no podemos enseñarla. No obstante, existe un perfil característico. En realidad las personas creativas de éxito tienen buen sentido del humor, una imaginación muy viva y un profundo interés en las personas y en todo lo que las motiva. Su mente abarca los temas más diversos: historia, literatura, arte, música, ciencia y política. Advierten conexiones que otras personas no ven. Poseen la capacidad de no limitarse a percibir las cosas como aparecen, sino que adoptan nuevas perspectivas frente a ellas, van mas allá de la superficie y encuentran la belleza en las cosas ordinarias" (12).

Cualidades del redactor publicitario

Todo apunta a que el redactor publicitario está dentro del repertorio de características que define la personalidad de los individuos creativos en cualquiera de las artes y que obedecen a afirmaciones del tipo: "Siempre se preguntan por qué. Son arquitectos naturales de las ideas de productos y del espacio interior. Tienen la capacidad de ver la estructura básica de las campañas potenciales, de explicarlas, de descubrir sus posibilidades y de desarrollarlas. Nunca se sirven de adornos. Rechazan los clichés y el trabajo comercializado que se sirve de fórmulas estereotipadas o que abusa de ellas. Son despiadados respecto a la calidad de su propio trabajo" (13).

También Hanley Norins, *copywriter* profesional, como ya hemos dicho antes, nos habla de cinco cualidades del redactor publicitario y de su personalidad creadora:

– **La primera cualidad es la curiosidad.** La mayoría de los redactores publicitarios tienen en común ser curiosos. Cuantos más chismes haya acumulado el redactor en su mente más pensamientos tiene para asociar. Este buen vicio de la curiosidad tiene además la ventaja de que es un excelente antídoto contra el aburrimiento. S. I. Hayakawa dice que "una idea es la verbalización de un picor cerebral y un *copywriter* es el picor de la gente" (14).

Este pensamiento describe a la perfección a ese redactor profesional que está constantemente verbalizando de manera oral o escrita todas las ideas que le sugieren las actitudes y comportamientos de la gente hacia la propia vida y, concretamente, hacia los productos de que dispone viendo y observando sus conductas, intereses y motivaciones. Rudolf Flesch, en *"The Art Of Clear Thinking"*, lo resume perfectamente diciendo: "pensamos con nuestra experiencia", es decir, cuantas más experiencias tenemos más podemos pensar, más ideas podemos tener, porque tenemos mucho más que contar. Cuantas más ideas crucen por nuestra mente más pensamientos pueden cruzar.

– **La segunda cualidad es la imaginación.** Es la característica básica de una mente creativa. La imaginación siempre está abierta a la inspiración. "*Abierta* es la palabra clave de esta afirmación. De hecho el *copywriter* tiende a ser como un niño, su mente es como una pizarra limpia siempre lista para ser escrita. Tiene una inclinación metafórica, un talento para la asociación" (15). Una descripción interesante del creativo es la expuesta en un artículo de la revista *Changing Times* cuando dice cómo reconocer a un joven creativo: la gente ordinaria confía en hechos sólidos, los tipos creativos son intuitivos y se interesan por hechos que "pueden ser". En este sentido el redactor publicitario vive en el mundo del "puede ser".

– **La tercera cualidad es la empatía.** En los tiempos modernos todo cambia deprisa, muy deprisa. Los consumidores poseen un mayor nivel de educación, saben lo que quieren y son más sofisticados. El redactor publicitario tiene que empatizar con ellos y hacerlo de manera natural. El redactor de textos publicitarios trabaja normalmente muchas más horas que la media de la gente que trabaja en oficinas. ¿Cómo puede conocer la realidad de la calle, de las distintas audiencias, de los distintos mercados, no ya de la propia ciudad sino de la otra punta del país? Se habla mucho de estudiar la audiencia, pero la verdad es que muchas veces no se hace o se hace mal. Por eso una de las cualidades más apreciadas del buen redactor es la empatía, es decir, además de poseer unos datos, de imaginar y acertar, tiene que saber cómo van a ser recibidos los anuncios, incluso su efecto. El buen redactor publicitario es como una esponja que capta todo lo que se cruza en su camino y lo convierte en información que devuelve a la audiencia en forma de mensaje. "Si uno no puede ponerse la piel de león, póngase la de zorro", dice Baltasar Gracián en *El arte de la prudencia.*

– **La cuarta cualidad es el entusiasmo.** El proceso de tener ideas necesita de una actitud positiva, al menos hasta que la verificación confirme la calidad de las ideas. Pero, en su primera fase, la generación de ideas por parte del redactor creativo necesita del entusiasmo. No en vano "enthousiasmos" significa "llenos de dios" en griego, aunque otros significados no son nada despreciables, como por ejemplo "inspirado" o "poseso". Al fin y al cabo si esperamos que la audiencia sienta entusiasmo por el producto que anunciamos es imprescindible que el anuncio irradie ese entusiasmo, pero difícilmente podrá ser así si su mente creadora no lo transmite.

– **La quinta cualidad es la flexibilidad.** El buen redactor publicitario tiene que ser flexible, como lo es el espíritu del verdadero científico. Rudolph Flesch concuerda con esta idea cuando dice que lo que se necesita es una actitud de desconfianza sobre nuestras propias ideas. Este es el hábito del científico: tan pronto tengas una idea, intenta refutarla. Se trata de tener convicciones, pero sin ser esclavo de ellas.

Curiosidad, imaginación, empatía, entusiasmo y flexibilidad son, sin duda, algunas de las cualidades del redactor publicitario y de su espíritu creativo, pero no son las únicas.

Las otras cualidades del redactor publicitario

El redactor publicitario participa también de las cualidades que parece tener toda personalidad creativa, a saber:

Ser diferentes. Todo apunta a que la creatividad es ahogada en el proceso de crecimiento de una persona. Somos premiados por obedecer y castigados por ser diferentes. Padres y profesores están de acuerdo en mantener los chicos bien educados y bajo control más que en desarrollar sus habilidades creativas. Ambas, cultura y educación, pueden sofocar nuestra capacidad de ser diferentes. Pero el ser diferente es una prueba de esa resistencia a la uniformidad de la educación, también por parte del redactor publicitario.

Características personales propias. Aunque todo el mundo tiene alguna habilidad para resolver problemas parece haber ciertos saltos típicos entre las personas a la hora de resolver problemas. Una de las características personales es que los creativos absorben toda clase de experiencias. Tienen y acumulan una gran reserva de material, cosas que han leído, visto, escuchado, lugares donde han estado y trabajado y gente que han conocido. Las investigaciones muestran que tienden a ser independientes, autosuficientes, persistentes, autodisciplinados, tolerantes. Asumen riesgos y tienen un poderoso ego. En otras palabras: están conducidos desde el interior.

Habilidad para la imaginación. La mayoría de los redactores publicitarios tienen buena imaginación visual así como excelentes cualidades para escribir. Los directores de arte desde luego son también buenos visualizadores, aunque también lo pueden ser con las palabras, pues como dice Baker son escritores que rallotean y diseñadores que garabatean, son el corazón del equipo creativo publicitario. Redactores y directores de arte tienen que ser capaces de visualizar juntos. Los buenos redactores publicitarios pintan cuadros con palabras, describen las cosas, los sonidos, los olores y el gusto. Utilizan palabras para transmitir sensaciones. Los buenos redactores ven productos, gente y escenas en sus *ojos mentales*, que les permiten tener la imagen del anuncio acabado mientras se está hablando de ellos o viven sólo en la idea.

Visualización. Es ésta una idea que no está limitada a la publicidad impresa. Redactores publicitarios, directores de arte y productores trabajan juntos para crear comerciales de radio y TV. Los redactores publicitarios de radio tienen que ser particularmente buenos en pintar con palabras y sonidos para crear una imagen en la mente del radioyente. En televisión visualizar significa ser capaz de pensar en términos de puesta en escena, movimiento y desarrollo de la historia. Visualizar es imaginar cómo quedará el comercial y cómo será percibido por la gente.

En realidad tanto las cualidades del creativo publicitario como de la propia creatividad son de aquellas cosas que es mucho más fácil de detectar que de definir. Sin embargo, nada mejor que observar el trabajo y la manera de pensar de uno de los creativos que más huella ha dejado en la publicidad para ver qué significa ser creativo, qué es creatividad y qué se espera de ambos. Nos referimos a William Bernbach quien, en su discurso de la American Association of Advertising Agencies de 1961, presenta una visión de la creatividad publicitaria como una filosofía de la persuasión: "la investigación de marketing, la selección del medio y otras actividades de la agencia de publicidad son meramente los preludios de la actuación final, que es el arte de la persuasión" (17).

¿Creativo sobre qué?

Una sencilla reflexión puede ayudarnos a ver la creatividad del redactor publicitario en todo su alcance. El redactor, en principio, ha de tener algo sobre lo que ser creativo. Para ello y antes de nada debe vivir rodeado del problema a resolver, debe conocerlo profundamente hasta quedar saturado al respecto. Conocimiento, disciplina y ambición son tres condiciones previas además de tres aliados. Bernbach lo describe así: "uno no es creativo por el mero hecho de dejar volar la imaginación o dar rienda suelta a acrobacias gráficas y verbales. La persona creativa aprovecha bien su imaginación. Es disciplinada en relación a cada idea, cada pensamiento, cada palabra que utiliza, cada imagen que muestra" (18). Es por lo tanto una condición indispensable tener algo sobre lo que ser creativo, que no es más que el problema del cliente que puede ser resuelto por la publicidad. Ciertamente el propósito de vender del cliente es siempre su objetivo final, pero no hay que olvidar que una cosa es tener el propósito de vender algo y otra es conseguirlo. En este proceso el propósito de vender es el inicio, no el fin de la publicidad. Es justamente en este punto cuando se necesita de la creatividad. "La creatividad se necesita para encontrar la manera de llamar la atención de la gente y lograr que recuerden nuestro anuncio" (19), dice Bernbach.

El redactor publicitario se encuentra así ante un desafío: el de crear un buen anuncio que sea recordado por la gente. Sin embargo, lo cierto es que no existe fórmula alguna para tener creatividad. De ahí que el redactor aspire a tener ideas para convertirlas en poderosas armas de persuasión. Es cierto que existen los técnicos de publicidad, que conocen "todas las normas", que pueden decir qué grupo de personas son el *target* o cuál es la longitud más adecuada para una frase publicitaria. Son, por decirlo así, los científicos de la publicidad. Pero no es esto lo que incita a la gente a actuar. Lo fundamental de la publicidad es la persuasión y la persuasión no es una ciencia sino más bien un arte. Por eso, ninguno de los científicos de la publicidad pueden decir cómo crear una idea. La clave es la idea y la idea requiere creatividad.

Leo Burnett también es partícipe de esta idea cuando observa que el análisis ayuda, pero nunca puede crear, y raramente se ve crear un gran anuncio sin una cierta dosis de confusión.

Hay mucha gente en publicidad que realmente no cree en su profesión. Están tan inmersos en cantidades de casos, curvas de ventas, normativas y acuerdos que el anuncio en sí se pierde. Esto conduce a toda una serie de estándares que naturalmente hacen que los anuncios resulten artificiales, poco convincentes y antieconómicos.

Las técnicas, las normas, los estudios de investigación son sólo utensilios, pero la fórmula de las reacciones del público todavía no ha sido descubierta. De hecho la intuición, la necesidad de inspiración para poder llegar a la gente es más grande hoy que nunca. Por eso del redactor publicitario se espera precisamente que sea creativo, que tenga ideas y que sepa escribirlas para lograr la persuasión. Y es que, como apunta Bernbach, es la indefinible intuición la que alcanza aquello que es nuevo. Otros a esa indefinible intuición la llaman talento.

El redactor publicitario como escritor. Tipos de escritores

Ciertamente el redactor publicitario es un creativo que escribe de una determinada manera, básicamente porque antes de coger el lapicero coge los hechos. Separarlos es bueno, pero ignorarlos es inexcusable". Puede parecer obvio, pero ¿cuántos anuncios se publican, se radian o se emiten cada día sin aportar ninguna ventaja, ningún hecho?

Sobre la creatividad de los escritores algunos filósofos han dado también su opinión, como por ejemplo Schopenhauer, quien dijo que "hay tres clases de autores. Los que piensan sin escribir. Los que piensan conforme están escribiendo. Y, los que piensan antes de comenzar a escribir. Son los más raros" (20). El redactor publicitario, en este sentido, es de los terceros. Tiene que ser de una determinada manera, tiene que ser un creativo profesional que crea en la publicidad, respete al producto y a los consumidores.

Efectivamente el creativo-escritor-pensador, que es el redactor publicitario, tiene una gran responsabilidad porque prácticamente todo lo que concierne al negocio de la publicidad tiene que ver con palabras impresas, radiadas, emitidas, aunque antes siempre escritas y sobre todo pensadas, muy bien pensadas. Los estudios de investigación y los planes de marketing pueden prever un gran éxito para un producto, pero son las palabras y las imágenes las que llegan al consumidor y las que determinan muchas veces el éxito o el fracaso de un producto. Por ejemplo Gribbin considera que en esta profesión de doble función –escribir y vender– hay tres clases de escritores (21):

Una es la clase de escritor que se expresa a sí mismo. Es el que encuentra cierto placer en poner sus pensamientos sobre el papel. Un ejemplo pueden ser todos los poetas y escritores románticos: Byron, Becquer, Manzoni, etc. Según Gribbin hay muchos escritores como éstos en la publicidad, y están mejor fuera de ella. No dan mucha importancia a las necesidades de los clientes ni a las de los productos para los que trabajan. Ocasionalmente estas necesidades pueden coincidir con los dictados de la musa particular del escritor y una campaña puede tener buen resultado. La mayor parte del tiempo esta clase de escritor está luchando por preservar esta extensión de sí mismo, que él identifica con sus textos contra las previsiones de la realidad, de la que incluso se atreve a decir que no es la correcta. Este tipo de escritor nunca encontrará lo que está buscando. Tiene demasiado de artista y no lo suficiente de vendedor para ser feliz en la publicidad.

Otra clase de escritor es el escritorzuelo. Es el hombre que se aproxima a la redacción publicitaria puramente como un oportunista. Su lema de acción viene a ser: "Dales lo que quieren, están pagando por ello". El escritorzuelo ha aprendido muy pronto una serie de normas básicas sobre el texto publicitario que le conducen a un éxito modesto y no tiene interés en aprender ninguna otra cosa. Probablemente este tipo de escritor publicitario tiene más presencia de la necesaria en la profesión. Suelen observar los anuncios de la competencia y reaccionan en consecuencia o copian ideas que siempre han funcionado, pero no aportan nada. Estos redactores publicitarios pronto quedan fuera del negocio porque la publicidad cambia rápidamente y ellos viven de lo que ya saben, no de lo que tienen que aprender.

La tercera clase de escritor es el artesano. En los círculos literarios es el llamado "escritor profesional". En publicidad es el redactor publicitario profesional que está condenado a servir a dos patrones: a sí mismo y al que le paga. No hay una fórmula que resuelva matemáticamente ambos patrones en igual proporción. Generalmente se acaba favoreciendo a uno más que al otro, dependiendo del grado de variaciones en las cuales las presiones externas están presentes o ausentes. Pero siempre da toda la lealtad que puede a cada uno y nunca es desleal con ninguno de los dos.

Este tipo de escritor, el redactor publicitario, el que quiere ser diferente, experimentar, escribir para la gente de la calle y desea que todo el mundo prospere, tiene un gran papel que desarrollar además de hacer su mejor contribución a la industria de la publicidad. Este escritor se convencerá a sí mismo fácilmente tan sólo con ver los anuncios de la televisión o de cualquier revista o diario. Se convencerá de que ser imaginativo y tener buenas ideas es su verdadero trabajo y que no tiene nada que perder y mucho que ganar. La publicidad está todavía en su más tierna infancia pero una cosa sí sabe: las ideas son lo que funcionan.

La idea, la gran idea

La idea, siempre la *Gran Idea.* Toda la publicidad del mundo gira en torno a la gran idea, todos los medios de comunicación giran entorno a la gran idea. Pero la gran idea no siempre llega, bien por falta de talento, bien por falta de tiempo o bien porque con una sola gran idea la publicidad puede vivir de ella sólo unos cuantos años explotándola desde todos sus ángulos. Y es que, como dice el fotógrafo de Benetton, Oliviero Toscani, "es fácil descubrir América al día siguiente de su descubrimiento".

Si en algo coinciden redactores y estudiosos de la redacción publicitaria es en que la gran idea es la única realidad del redactor publicitario. La palabra, la imagen y el sonido son sus medios de expresión.

Leo Burnett reduce este culto a la idea del redactor publicitario de la siguiente manera: "Lo único que hace que una compra de espacio televisivo sea un buen negocio es que el anuncio tenga una buena idea creativa. Lo único que puede hacer una buena investigación es ayudar a producir una buena idea que funcione en el anuncio. No hay ningún plan de medios correcto hasta que no se encuentra la idea de venta correcta. No hay nada bueno en una *copy platform* si constriñe una idea" (22). Y es que ciertamente el trabajo del redactor publicitario es, primero, fruto de la creación y del pensamiento, y luego de la palabra escrita. Por eso Leo Burnett resume esta manera de pensar en lo que él llama "Los Diez Mandamientos de la Publicidad" (23):

1. *No cerrarás tu mente a lo diferente, fresco e inesperado.*
2. *No sigas la corriente. Crea tu corriente.*
3. *No anunciarás para ti mismo.*
4. *Honrarás la inteligencia de tu público.*
5. *No subestimarás a tu competidor.*
6. *No adulterarás la verdad.*
7. *No robarás a las palabras su valor.*

8. *No privarás a las imágenes de su magia, ni a la música de su ritmo.*
9. *No adorarás tus vacas sagradas.*
10. *No codiciarás los anuncios de tu competidor".*

Pero la fiebre de dar reglas y mandamientos no es exclusiva de los *clásicos* de la publicidad (Hopkins, Reeves, Burnett, Bernbach, Ogilvy...). Prácticamente todos los redactores modernos hacen observar que no hay reglas para escribir publicidad, que no hay mandamientos, para acto seguido caer en la tentación ellos mismos de dar *sus propios consejos*. Sin embargo, ¿quién le puede negar a cualquier experimentado redactor de prestigio el derecho a formular las claves de su éxito? Es más, ¿acaso no es necesario que quede constancia escrita de estos consejos para beneficio de las generaciones venideras de redactores?

No sólo es necesario, sino que hemos de tener un profundo respeto, primero por su talento personal y luego por el esfuerzo y dedicación por sentarse a escribir todo lo que saben o lo que creen que saben. Visto así podríamos preguntarnos si la publicidad sería hoy la misma sin libros como "*La Publicidad Científica*" de Prat Gaballí, "*Mi vida en publicidad*" de Claude Hopkins, "*La Realidad en Publicidad*" de Reeves, "*Confesiones de un publicitario*" de Ogilvy, "*The Compleat Copywriter*" de Hanley Norins, *The Copy Book (How 32 of the world's best advertising writers write their advertising)*, editado por la D&AD y en el que 32 de los creativos modernos más premiados cuentan cómo lo hacen ilustrando sus consejos y recomendaciones con algunas de sus obras maestras... por citar sólo algunos. Nunca lo sabremos, pero probablemente no.

También hemos de preguntarnos si no debemos escuchar las opiniones y consejos de algunos grandes redactores actuales de reconocido prestigio, redactores como Adrian Holmes, director creativo de Lowe Howard-Spink, quien dice: "éstos son mis diez consejos para *copywriters*, técnicas que he desarrollado yo mismo o que he ido aprendiendo por el camino:

1. Hazlo al límite de la fecha de entrega. Llamadme irresponsable, pero cuando escribo siento que hay una correlación entre el pánico que se acerca y la inspiración burbujeando.

2. Antes de empezar el texto estudia cómo acabará. Elabora una estructura básica correcta antes de que te sientas tentado a empezar a escribir.

3. Recompensa al lector. Cada redactor tiene una relación con el lector, la relación es "sigo leyendo hasta que me mantengas interesado". Así que pregúntale: ¿He expresado esto de la manera más original? ¿He sido conciso sin ser tajante? ¿He mantenido la parte de relación que me toca?

4. No te pases. Ten cuidado con demasiadas bromas y presunciones.

5. Lee poesía. ¿Por qué no? De hecho, creo que el mejor *copywriting* es una forma de poesía. Así que estudia sus técnicas, mira cómo usa el lenguaje, el ritmo y la imaginación para conseguir sus efectos.

6. Lee tu *copy* en voz alta para ti mismo. No conozco un modo mejor para eliminar expresiones difíciles.

7. No seas demasiado rebuscado con tus palabras. Si hay alguna palabra inadecuada reescribe tu mensaje una y otra vez.

8. Trata tu *copy* como un objeto visual. ¿Tiene balance?, ¿algunos párrafos parecen excesivamente largos o pesados? En resumen, ¿invita a leer? Yo trabajo conjuntamente con mi *art director* y el tipógrafo para conseguir esto.

9. Observa la estructura del texto. El final de tu *copy* debe hacer referencia al titular de alguna manera. Es bueno hacerlo, pero si no puedes por lo menos podrás decir a todo el mundo que has roto con la tiranía de la estructura.

10. Lo bueno es el enemigo de lo fantástico. Has escrito el texto quince veces, te sientas y te dices a ti mismo: es bueno. Felicidades. Ahora tíralo y comienza otra vez. Ya te he advertido que escribir publicidad es muy duro" (24).

Y si nos vamos a la otra orilla del Atlántico, otro redactor publicitario, el norteamericano Bob Levenson, elegido Copywriter's Hall of Fame y presidente de Doyle Dane Bernbach, que tuvo el honor de trabajar junto a Bill Bernbach, dice: "sé que cada consejo de este libro no se refiere a la redacción publicitaria. No hay consejos y no puede haber libro. Incluido éste. Es demasiado malo. Hay, no obstante, tres ingredientes para escribir publicidad:

1. **Debes saber de qué estás hablando.** Para hablar de coches necesitas saber cómo están hechos. Ante la ausencia de este conocimiento, estarás condenado a confiar cada vez más en los adjetivos. Siempre un error.
2. **Debes hacer recordar quién está hablando.** Usamos palabras para crear imagen, carácter, tono, textura, incluso personalidad, y lo entremezclamos todo. Pero cualquiera de las palabras que escojas debe ser recordable, distinta y consistente. El redactor que pretenda aumentar la categoría de su agencia o la suya propia con el *copy* del cliente debería pagarlo con su trabajo.
3. **Debes saber con quién estás hablando**, o mejor todavía, con quiénes estás hablando. Es lo más difícil de conseguir. La mejor táctica es crear tu propio con-

sumidor. Ten en mente que tu consumidor es más inteligente y cauto que tú" (25).

Ninguna de estas reglas, mandamientos o consejos se oponen o contradicen las múltiples facetas que desarrolla todo redactor publicitario; por el contrario, todo tiende a confirmar su carácter polifacético como vendedor, persuasor, comunicador, creativo, pensador y escritor. No obstante, a la pregunta de si existen reglas para escribir publicidad, ya sean las de los redactores *clásicos* o las de los redactores *modernos*, quizá lo más prudente sea decir, rozando el eufemismo, que nada de lo dicho son reglas aunque siempre existe alguna excepción.

El caso VW

En esta búsqueda de creatividad del redactor publicitario, en este ser creativo en una dirección, Bernbach cuenta lo que podría considerarse el proceso creativo de una de sus campañas más memorables para Volkswagen.

"Cuando nos concedieron la cuenta de la empresa alemana lo primero que hicimos fue pasar un tiempo en la factoría de Wolfsburg, en Alemania. Pasamos días hablando con ejecutivos, ingenieros, montadores, ensambladores, etc. Nos sumergimos en el proceso de producción y control de calidad de un Volkswagen. Enseguida supimos cuál debía ser el tema a exponer. Nos dimos cuenta de lo que distinguía a este coche de los demás. Y lo que debíamos contar al público americano: "Este es un coche honesto". Esta era nuestra proposición de venta. Habíamos visto todas las medidas utilizadas para evitar fallos. Comprobamos los costosos sistemas de inspección y control de calidad. Y quedamos impresionados por el eficiente resultado obtenido a un precio muy asequible. Habiendo encontrado nuestra proposición de venta el trabajo no estaba terminado. Había que encontrar una manera de contar al público la verdad de lo que habíamos visto de una forma que les llamara la atención, que fuera creíble y que no lo olvidaran. Teníamos que apelar a nuestra creatividad" (26).

En realidad todo producto tiene una verdad que decir a la gente, una ventaja, un beneficio, algo útil para el consumidor. Pero sirve de muy poco si esa verdad no llega a la gente, o aún peor, llega pero no es creída. El redactor publicitario tiene una de las misiones más difíciles: primero saber ver la verdad del producto, luego hacer que la gente le crea. Y es así, sencillamente, porque la verdad no es verdad hasta que la gente no la cree. Ese es el milagro del redactor publicitario como creativo: llegar a la gente, y que la gente lo crea.

Cómo conseguirlo es seguramente una de las grandes cuestiones de la publicidad. No obstante, siguiendo con Bernbach, no sólo son las palabras y las imágenes las que hablan al lector. Existe una sensación, un tono en cada página. Esto es lo que se usó en los anuncios de Volkswagen para comunicar honestidad. Los *layouts* son del todo simples, claros y limpios, el tipo es clásico y sin adornos, y el estilo del texto objetivo y sencillo: sujeto, verbo y predicado. Psicológicamente y creativamente todo estaba hecho para que la proposición de venta llegara al consumidor de la forma más rápida y con el mayor impacto, dando una sensación de honestidad. De ahí que "la principal responsabilidad de quien es verdaderamente creativo no sólo es ejercer la creatividad con entera libertad, sino también saber reconocer lo que es un buen trabajo creativo y lo que es una mera acrobacia pretenciosa" (27).

Efectivamente, nunca como hasta ahora ha existido un reto tan grande para los creativos. La competencia es feroz, los mismos productos son excelentes, aunque muy parecidos. Nunca como hasta ahora ha tenido el redactor publicitario la oportunidad de escribir anuncios creativos y memorables. El consumidor está literalmente inundado de mensajes publicitarios. Los científicos de la publicidad miden la eficacia de los mensajes, su recordación, su longevidad en el cerebro del consumidor. Pero quizá pocos se detienen a pensar que la gente no recuerda el número de anuncios que se han hecho, sino el impacto que les ha causado. Eso lo logra la creatividad. Y ese es precisamente el trabajo del creativo, tener ideas frescas y escribirlas de manera diferente y memorable.

NOTAS BIBLIOGRÁFICAS

(1) Ward Burton, Philip. *Advertising Copywriting*. NTC Business Books, 6th edition, Lincoln-wood (Chicago), 1990, p. 2.

(2) *Ibid.*, p. 2.

(3) Levy Klein, Erika. *Write Great Ads*. John Wiley & Sons, New York, 1990, p. 38.

(4) Jones, M & Healey, J. *Miracle Sales Guide*. Prentice-Hall, 1973, p. 160.

(5) Levy Klein, Erika. *Write Great Ads*. John Wiley & Sons, New York, 1990, p. 38.

(6) Norris, James. *Advertising*. Prentice-Hall, 4th edition, New Jersey, 1994, p. 165.

(7) Norins, Hanley. *The Compleat Copywriter*. McGraw-Hill, New Jersey, 1966, p. 3.

(8) Albright, Jim. *Creating the Advertising Message*. Mayfield Publishing Company, California, 1992, p. 57.

(9) Ring, Jim. *La publicidad a debate*, Folio, Barcelona, 1993, p. 82.

(10) Bly, Robert. *The Copywriter's Handbook. A Step-by-Step Guide to Writing Copy that Sells*, Henry Holt, New York, 1985, p. vii.

(11) Albright, Jim. *Creating the Advertising Message*. Mayfield Publishing Company, California, 1992, p. 54.

(12) Barry, A.M. *El portafolio creativo del publicista*. McGraw-Hill, México, 1992, p. 23.

(13) *Ibid.*, p. 24.

(14) Hayakawa, S.I. *Language in Thought and Action*. Harcourt, Brace & World, Inc., New York, 1939.

(15) *Ibid.*, p. 10.

(16) Baker, Stephen. *A Systematic Approach to Advertising Creativity*. McGraw-Hill, New York, 1979.

(17) Wright, John S. & Warner, Daniel S. *Speaking of Advertising*. McGraw-Hill, New York, 1963, p. 311.

(18) *Ibid.*, p. 313.

(19) *Ibid.*, p. 314.

(20) *Ibid.*, p. 316.

(21) *Ibid.*, p. 318.

(22) Adams, Charles F. *Common sense in Advertising*. McGraw-Hill, New York, 1965, p. 20.

(23) Wright, J.S. & Warner D.S. *Speaking of Advertising*. p. 251.

(24) *Ibid.*, p. 288.

(25) *Ibid.*, p. 288.

(26) D&AD, *The Copy Book (How 32 of the world´s best advertising writers write their advertising)*. The Designers & Art Director Association, London, 1995, pp. 84-85.

(27) *Ibid.*, p. 102.

Capítulo 2
Elementos clave de la redacción publicitaria (I): El titular

1. VALOR DEL TITULAR

En todas las formas de publicidad, sean en el medio que sean, lo primero que el lector ve, lee o escucha se convierte en la primera impresión que tiene, lo que puede marcar el éxito o el fracaso de la comunicación. Y es así por la sencilla razón de que o bien le llama la atención y se interesa o bien no le llama la atención y ahí acaba la vida del anuncio. Por eso, en publicidad, atraer la atención es trabajo del titular, es decir, el titular es el responsable de la *primera impresión.*

Ciertamente el titular es el primer elemento del anuncio que se ve. El titular revela la proposición básica de venta de un anuncio. La gente lee el titular y entonces decide leer o no leer el resto del anuncio. Existe además un agravante: todos los anuncios compiten entre sí. Por eso el trabajo del redactor publicitario es doblemente difícil. Por una parte el redactor tiene que crear titulares que llamen la atención; por otra éstos tienen que llamar la atención más que los titulares de otros anuncios.

Pero dada la proliferación de anuncios y de medios de comunicación cabe preguntarse: ¿cuál es en cada uno de ellos la primera impresión?, ¿cómo consigue el redactor publicitario llamar siempre la atención en medios tan diferentes como prensa, revista, radio o televisión? Robert Bly hace en este sentido una interesante aportación:

- En un anuncio impreso son el titular y el visual.
- En un folleto es la portada.
- En un comercial de televisión o radio son los primeros segundos.
- En una acción de marketing directo es el texto de sobre o las primeras frases de la carta.
- En un comunicado de prensa es el primer párrafo.
- En una presentación de ventas son las primeras diapositivas del mensaje.

Todos los expertos coinciden en que por muy interesante que sea un producto o muy bien argumentado que esté el cuerpo de texto si el titular no llama la atención sobre lo que allí se ofrece el anuncio tienen muchas posibilidades de pasar desapercibido. Por eso David Ogilvy dice que el titular es el elemento más importante de muchos anuncios. Es el telegrama que hace decidir al lector si lee o no el texto. Similar opinión tienen otros autores, como Bovée & Arens, cuando destacan que las investigaciones muestran que hay sólo cuatro segundos para captar la atención del lector, o que "de promedio, la gente lee cinco veces más el titular que el cuerpo del texto, por eso cuando tienes escrito un titular has gastado ochenta céntimos de cada euro" (1). Dicho de otra manera, cuando haces una compra, ¿quieres ser entretenido por el vendedor o quieres saber que estás obteniendo una mercancía de calidad a un precio razonable? Consecuentemente, el redactor publicitario debe invertir la mayor parte de su esfuerzo y de su ingenio en escribir el titular. Por eso es aconsejable pasar más tiempo redactando el titular que el resto de las palabras. Similar opinión tiene David Abbott, de la agencia Abbot Mead Vickers-BBDO, cuando dice: "trabajo un titular 50 ó 60 veces hasta llegar a la idea y al balance correcto. Si pienso que en ellos hay un anuncio los machaco hasta llegar a él" (2). Pero quien expresa con mayor rotundidad el poder del titular quizá sea John Caples cuando dice que si puedes comenzar con un titular, puedes estar seguro de tener un buen anuncio, pero nunca, ni el mejor redactor, puede salvar un anuncio con un titular pobre.

Así pues, todo indica que el titular es la forma más efectiva de llevar al lector al interior del anuncio. Puede atraer la atención y decir a los potenciales consumidores de qué va el anuncio a la vez que los conduce al cuerpo del texto.

Lo que "debe" y "no debe" hacer un titular

Prácticamente cada redactor publicitario ve en el titular valores innegables que se repiten constantemente y a los que no les afecta ni el paso del tiempo, ni la moda, ni la aparición de nuevas tendencias. Ahora bien, al mismo tiempo cada uno da al titular su propia impronta personal justamente con el objetivo de distinguirse o llamar la atención de manera diferente. Stephen Baker, consciente de la interminable lista de respetables y autorizadas opiniones sobre las funciones de un titular, ve la necesidad de reducir todas ellas a dos escuelas de pensamiento.

- *"Una es la que pone en él la intriga y hace que el lector lea el cuerpo del texto.*

– *La otra es la que afirma que, junto con la ilustración, el titular es capaz de explicar la esencia del mensaje. Las investigaciones muestran que los titulares suelen ser absorbidos en el momento que entran en el campo de visión. Y es así no por casualidad, sino porque los directores de arte con experiencia tienen la destreza de hacer leer el titular a nivel subconsciente"* (3).

De hecho, ni siquiera hace falta que los titulares estén al principio del texto de manera racional, ordenada y coherente. Los directores de arte tienen tantas opciones para colocar un titular dentro de un *layout* como directores de arte puede haber en la profesión publicitaria. Podemos decir, para resumir, que crear un buen titular, creativo y efectivo, es un arte, pero no lo es menos hacer que por su diseño, tamaño, color o ubicación se lea de manera inmediata al entrar en el campo de visión.

A modo de consejos, que no leyes, Stephen Bayker propone siete "no hagas" al escribir un titular (4):

1. *Evitar juegos de palabras o expresiones gastadas.*
2. *Crear titulares ingeniosos es ingenioso. Pero ¿venden?*
3. *Evitar exclamaciones. Deja que tus afirmaciones las provoquen.*
4. *Palabras como "el mejor", "el más", "el gran", "el primer", pueden ser música para el oído del anunciante, pero ¿las cree el consumidor?*
5. *No utilizar jamás el titular de un competidor.*
6. *Tener que leer el titular dos veces para entenderlo.*
7. *Engañar a la gente conscientemente.*

Parece que el titular tiene que realizar tantas tareas y tantas funciones que su fuerza se difumina y se pierde en un listado de reglas, normas, consejos y condiciones. Pero no es así, y justamente ésa es su grandeza y su genialidad: la de, a la luz de lo conocido y ya experimentado, dejar un amplio margen para el talento. No obstante, y ante la necesidad de ser prácticos y extraer el máximo partido del titular, conviene reducir y acotar al máximo alguna de sus funciones y tareas tanto para medios impresos como auditivos o audiovisuales.

Tareas y funciones que se pueden resumir en:

1. **Atraer la atención.** El titular tiene por misión atraer la atención apelando al interés del consumidor, es decir, ofreciendo un beneficio o una ventaja que el producto o servicio proporciona. Pero el titular también puede, simplemente, dar una noticia interesante utilizando palabras como "nuevo", "ahora", "aquí", "sólo esta semana", etc. Y, desde luego, si puede utilizar la palabra "gratis", estará incluyendo la palabra más poderosa del mundo. Es una forma de llamar la atención que asegura la lectura o escucha por una gran parte de la audiencia. Ahora bien, si las palabras son banales y obedecen a trucos, es decir, si no arropan un beneficio real, el titular puede provocar el rechazo. El titular tiene que atraer la atención presentando un beneficio real para el consumidor y tiene que hacerlo de forma clara, atrevida y creativa.

2. **Seleccionar la audiencia.** Otra función importante del titular es seleccionar la audiencia dejando al margen los lectores que no son consumidores potenciales. De hecho, el propio medio en el que aparece el anuncio ya es selectivo, elimina un determinado número de personas a la vez que pone en su punto de mira a otras. Pero la manera como está redactado el titular,

incluso la propia tipografía, son una herramienta más para dirigirse a una determinada audiencia que, de una manera u otra, se identifica con lo que el titular dice. Así, decir: "Tenemos una buena noticia para las personas que quieren perder peso", delimita, segmenta y selecciona a los lectores, a la vez que promete algo interesante para las personas que se encuentren en esta circunstancia.

3. **Comunicar un mensaje completo.** Si el titular de un anuncio da un mensaje completo, es decir, si no es necesario leer el cuerpo del texto porque todo está claro con el titular, entonces éste ha cumplido perfectamente otra de sus funciones. La mejor manera de crear titulares que den un mensaje completo es incluir en ellos el beneficio, la ventaja o la promesa, y si además aparece el nombre del producto o la marca aún mejor, porque así se conseguirá asociar la ventaja a la marca. No obstante, hay titulares muy efectivos que no incluyen el nombre del producto. Si éste es muy conocido y goza del aprecio del consumidor no será tan importante como si el redactor publicitario sospecha que parte de los lectores no leerán el cuerpo del texto, en cuyo caso será del todo negativo incluir el nombre del producto en el titular. Ogilvy opina que cuatro de cada cinco lectores leen el titular y no leen el resto del anuncio. Tener la habilidad de crear un titular que dé toda la información necesaria es llegar a cinco de cada cinco, es decir, al cien por cien.

4. **Conducir al lector al cuerpo del texto.** Hay categorías de productos que pueden anunciarse con una foto muy atractiva y sugerente o con un buen titular, o con muy pocas palabras, como es el caso de perfumes, tabaco, moda, gasolina, etc. Sin embargo hay otras

categorías de productos que requieren que el consumidor tenga más información. Se trata de productos como libros, ordenadores, automóviles, etc. La solución para esta segunda categoría puede ser, tras un potente y llamativo titular, conducir al consumidor al cuerpo del texto. Para lograrlo existen algunas técnicas muy útiles (5):

- *Estimular la curiosidad. Es una técnica que siempre da resultado porque el ser humano es curioso por naturaleza.*
- *Utilizar el humor, la intriga o el misterio.*
- *Hacer una pregunta en el titular y dar la respuesta en el cuerpo del texto.*
- *Hacer una afirmación provocativa que excite o estimule al lector de manera que quiera saber más o que provoque un ¿por qué?*
- *Prometer una recompensa. Todo el mundo desea tener premios o compensaciones sean del tipo que sean, siempre y cuando no decepcionen.*
- *Dar noticias o informaciones de interés o provecho para el lector, pero que necesitan más palabras para ser explicadas en su totalidad .*

Sin embargo, tan importante es lo que un titular "debe hacer" como lo que "no debe hacer". En este sentido hay que hacer algunas interesantes observaciones, pues para que un titular haga bien su trabajo debe buscar el tipo de lectores del anuncio, estimular la lectura del texto, inspirar credibilidad y comunicar un mensaje comprensible. Y, por el contrario, no debe ser demasiado ambicioso intentando atraer a toda costa tantos lectores como sea posible, ni tampoco debe dar datos irrelevantes para la historia del producto olvidando el verdadero mensaje de venta. Los titulares no deben hablar de generalidades que atraigan a todo tipo de lectores, pero no a consumidores potenciales. Por eso, escribir titulares específicos es la mejor manera de ser selectivos.

Otro problema añadido es que la noticia, el consejo o la recomendación que puede dar un titular para atraer posibles compradores caiga en el error de que los potenciales consumidores recuerden el consejo y no recuerden el verdadero mensaje de venta: el beneficio real para la audiencia. Para que un titular cumpla su cometido hay que cuidar su aspecto físico, pero, sobre todo, su aspecto espiritual, su contenido, lo que dice. Ante esta realidad, demasiado frecuente en publicidad, hay que prestar especial atención al contenido del titular y a la forma de conseguirlo, para lo cual conviene tener en cuenta estos puntos:

1. **Atraer el tipo adecuado de lectores.** Para atraer el tipo adecuado de lectores (posibles compradores del producto) el titular debería contener una o más de estas ventajas:
    - *Referencia a una necesidad del lector.*
    - *Discusión de un problema del lector.*
    - *Descripción de un beneficio.*
    - *Dar noticias sobre el producto o servicio.*
    - *Mención de la clase de lectores a los que va dirigido el mensaje.*
2. **Estimular a los lectores.** El titular debe ofrecer promesas como las siguientes:

Atraer al tipo adecuado de lectores	**Estimular a los lectores haciendo alusión a:**
Necesidad del lector	Cómo el producto puede resolverla
Problema del lector	Cómo el producto puede solucionarlo
Beneficio del lector	Cómo el producto puede producirlo
Nuevo producto	Cómo el lector se puede beneficiar
Clases de lectores	Qué información extraerán del anuncio

3. **Inspirar credibilidad.** El tercer atributo de un buen titular es la credibilidad, y la forma de hacer creíbles los titulares es llenarlos de beneficios específicos. Los titulares que prometen beneficios muy específicos ganan siempre la partida a los titulares de beneficios amplios, generales y vagos.

   Para ganar credibilidad nada mejor que dar pruebas adecuadas de que el titular está diciendo la verdad. En este sentido Victor O. Schwab propone diez pruebas muy útiles para apoyar las afirmaciones del titular y de la publicidad en general (6):

   - *Especificaciones de calidad (materiales, diseño, habilidad).*
   - *Recomendaciones de usuarios (experiencia de otros consumidores).*
   - *Actuación dramática (sometiendo el producto a condiciones excepcionales).*
   - *Evidencia de expertos (personas con autoridad o expertos que elogian o usan el producto).*
   - *Reconocimiento oficial (obtención de premios, pruebas de laboratorios, etc.).*
   - *Antecedentes del fabricante (reputación, experiencia, investigación, etc.).*

- *Razones "demostradas" (explicaciones científicas, que explican claramente el cómo y el porqué de lo dicho).*
- *Récord de ventas (constante aumento de demanda por parte de los consumidores, lo que demuestra su éxito).*
- *Puntos de venta de prestigio.*
- *Garantía (demuestra la buena voluntad del fabricante y permite que el consumidor pruebe el producto).*

4. **Comunicar un mensaje comprensible.** Otro atributo de un buen titular es que sea completo e inmediatamente inteligible para los lectores a los que va dirigido. El redactor publicitario debe asegurarse mentalmente de que lo que está diciendo queda perfectamente claro para el lector. Y la mejor manera de saber si lo logra es probarlo con algunos lectores, simplemente preguntándoselo. Para Susie Henry, famosa *copywriter* de DDB, la comprensión del mensaje es, antes que nada, una necesidad: "una cosa que aprendí rápidamente es que si alguien dice "no lo entiendo", hay que reescribirlo. No sólo ha de estar claro para ti, sino que ha de estarlo para el lector" (7).

5. **Longitud del titular.** ¿Debe ser breve el titular? Depende. Brevedad significa no usar más palabras que las que se necesitan para comunicar de forma clara el mensaje, lo que no necesariamente significa tener que utilizar pocas palabras. En cualquier caso acortar, invariablemente, mejora el *copy* –dice Chris O'Shea, *copywriter* de Chiat Day y desde 1991 cofundador de la agencia londinense Banks, Hoggins, O'Shea.

6. **Evitar fanfarronear y jactarse.** La prepotencia del anunciante puede convertirse en la debilidad del consumidor. El error no puede ser mayor.

En realidad fanfarronear y jactarse tiene el efecto contrario al deseado, porque si el fabricante es grande es gracias al consumidor y, en consecuencia, los titulares que son un culto al ego de la empresa pueden tener el efecto contrario al deseado. El objetivo de la redacción publicitaria, en general, y del titular, en particular, no es, como dice Alfredo Marcantonio, informar, entretener o divertir a la audiencia, sino ganársela para un producto o para un punto de vista determinado.

Como se puede observar, el redactor publicitario dispone de algunas técnicas que pueden facilitar su trabajo, pero nunca hacerlo. Se le podría acusar de ser sólo un redactor, pero no un redactor creativo dado que cada anuncio que escribe, cada titular, cada cuerpo de texto tiene que cumplir una serie de normas y una serie de objetivos que condicionan la creatividad, a lo que se podría responder que no estamos en el negocio de ser originales sino en el de hacer cosas creativas que funcionen.

Hacer hoy que un anuncio sea eficaz puede ser fácil, difícil o casi imposible, depende del producto y del talento en la creación del mensaje. La profesión es joven, pero hay una enorme producción de anuncios que indica que el redactor publicitario ha aprendido rápidamente su oficio porque ha visto sus errores y sus aciertos, y porque ha comprobado lo que funciona y lo que no. Por esta razón aparece irremediablemente la tentación de hablar de tipos de titulares que la experiencia ha demostrado son de utilidad. Tipos de titulares más o menos establecidos a los que el tiempo ha concedido un valor publicitario de gran ayuda para el redactor. Hay que estudiarlos, conocerlos, reflexionar sobre su oportunidad o su desfase temporal, pero no deben someterse a la genialidad del autor o del famoso redactor publicitario que los utilizó o que los estableció. Se trata de analizarlos pensando en crear rupturas propias que den luz a lo establecido y sobre lo establecido.

2. TIPOS DE TITULARES

La gran cantidad de productos existentes en el mercado y el acceso cada vez mayor de los fabricantes a los medios de comunicación provocan una avalancha de productos susceptibles de ser anunciados que sobrealimentan la capacidad de absorción de mensajes por parte del consumidor. De ahí que las técnicas de segmentación sean cada vez más sofisticadas en la búsqueda de ese hilo directo con el potencial consumidor.

Una de las técnicas para conectar directamente con el consumidor es, como ya hemos dicho, el uso de un buen titular. El estudio y conocimiento de los diversos tipos de titulares suponen una mayor garantía de llegar a la audiencia. Por eso es del todo necesario conocer los tipos de titulares de que dispone el redactor publicitario para realizar su trabajo con eficiencia.

Philip Ward, en su obra *Advertising Copywriting*, hace patente la situación en la que todo redactor publicitario o estudioso de la publicidad se ha encontrado alguna vez: enfrentarse a distintas clasificaciones. Ésta es la suya (8):

1. **Noticia**. Para este autor, un titular de noticias (*news headline*) puede definirse como el caballo de batalla de un anuncio por lo mucho que se utiliza, y es así porque los lectores buscan constantemente nuevos productos, nuevas características, nuevos servicios, nuevos y mejores precios. Los verdaderos titulares de noticia son fácilmente identifica-

bles porque el redactor publicitario utiliza palabras como "noticia", "presentamos", "anunciamos", etc., así el lector sabe rápidamente que se le quiere decir algo novedoso. Lo que ocurre muchas veces es que el uso y abuso de esta técnica deteriora la credibilidad. Aunque así sea el redactor publicitario siempre debe tener recursos para crear noticia o aspecto de noticia con la idea de "nuevo", aunque no necesariamente utilice esta palabra.

2. **Emocional**. Otro tipo de titular es el que se acerca al lector por la vía de sus emociones o sus sentimientos. Hay ciertos productos que llegan a los sentimientos por sí mismos, tales como productos de sensaciones íntimas (perfumes), productos sociales (obras de beneficencia, incapacidad física o mental, ayuda al Tercer Mundo), etc. Otros, sin embargo, son difícilmente anunciables por la vía emocional y requieren otro tratamiento.

Es fácil para el lector identificarse con alguien que se parezca a él, que diga algo que le sea familiar, que le toque el lado humano que todos tenemos. Uno de los puntos más importantes que hay que tener en cuenta en este tipo de titulares es que deben ser realistas. No hay que poner palabras que el lector no diría en boca de los personajes. Hay muchas formas de llegar a los sentimientos del lector y muchas de ellas se basan en la psicología. Uno de los casos donde se usa más este tipo de publicidad emocional es en los anuncios de seguros, cuando la desgracia hace acto de presencia y el seguro socorre. En opinión de P. Ward, sólo el titular y posiblemente la ilustración deben ser sentimentales; el *body copy* tiene que ir a los hechos. Por eso, una vez que el titular ha logrado captar la atención el trabajo ya está hecho.

3. **Beneficio directo.** En general, un titular de beneficio directo es también un titular que ofrece algo nuevo. Suele ser una simple descripción de las ventajas y utilidades más

importantes del producto o servicio. Cuando se tienen cualidades importantes que decir no hay que crear un titular ingenioso, ni sutil, ni de doble sentido, ni captar la atención gratuitamente. Se dice el beneficio y se dice de la manera más directa posible. Sin más.

Dentro de los titulares de beneficio directo se pueden observar tres variables:

- *En el titular aparece el nombre del producto/anunciante.*
- *Un subtítulo fortalece y completa el titular.*
- *Hay titulares de beneficio directo con el nombre del producto que incorporan un interesante juego de palabras (rima, humor, ironía).*

Es trabajo del redactor publicitario descubrir en cada ocasión el titular de beneficio que atraiga lectores y ventas, y que exprese el beneficio con más claridad e imaginación.

4. **Instrucción.** Muchas veces es difícil decidir dónde está la frontera entre la sugerencia y la orden o mandato, si bien es cierto que utilizando el titular de instrucción rara vez se consigue una acción inmediata. Pero, en contrapartida, se indica el camino a seguir para obtener algo. Los vendedores saben que los clientes potenciales necesitan un empujón para actuar. Este tipo de titular da el empujón necesario.

5. **Insólito.** Consiste en crear un titular sorprendente, poco convencional, que recurra a imágenes o palabras que aparentemente no tienen relación con el producto, con el fin de llamar la atención y forzar la lectura del anuncio. Este tipo de titular es la antítesis del sentido común. Normalmente se utiliza para describir cualquier cosa que no permita una definición fácil y para productos que tienen pocas ventajas para poder competir, que no ofrecen nada nuevo. El

titular insólito pretende que los lectores entren de lleno en el cuerpo de texto. Si esto sucede, el titular insólito ha logrado su objetivo. No obstante, es aconsejable no usar este tipo de titular si se tiene una buena historia que contar sobre el producto. Aún así, hay muchos redactores publicitarios, especialmente los que comienzan, que suelen caer en la trampa de buscar su propio lucimiento y abusan de este tipo de titular.

Como es lógico, muchos titulares insólitos sólo se entienden en relación con la imagen como, por ejemplo, cuando la imagen muestra un rebaño de ovejas cruzando una carretera solitaria del Pirineo y el titular dice "Hora punta en los Pirineos".

6. **Curiosidad.** El titular insólito normalmente crea curiosidad en el lector, pero la crea sobre nada en particular o nada que sea obvio de manera instantánea. En cambio, el titular de curiosidad hace que los lectores tengan verdadera curiosidad hacia el producto que se está anunciando. Este tipo de titular debe decir al lector algo realmente inesperado, y una forma efectiva de lograrlo es contar sólo lo suficiente atrayendo así la atención de la audiencia.

7. **Exageración.** A cualquier redactor publicitario que comienza se le advierte del uso de superlativos y de la ostentación. Lo mismo se enseña en universidades y escuelas de negocios y de publicidad. Sin embargo, cada día se ven en los medios de comunicación cientos de anuncios y cientos de titulares cargados de superlativos, ostentación y soberbia. Titulares que si han salido a la luz es porque los directores creativos y los anunciantes lo han permitido. La contradicción es obvia. Como se pregunta el prestigioso redactor australiano John Bevins, refiriéndose a su trabajo de redactor publicitario: "¿Qué he aprendido con el tiempo? Que el instinto descarta los superlativos, que los adjetivos apropiados enfatizan la credibilidad, que lo descarado y estrepitoso no

transmite respeto, que las sobreafirmaciones crean resistencia, y que dentro de cada anuncio gordo hay uno más delgado y mejor que intenta salir a la luz. En resumen, lo común, lo dice mejor" (9).

Muchos de estos titulares hablan del producto como "el único", "el nº 1", "el líder". Si realmente es verdad, el uso de este tipo de titular no es sólo sensato sino obligado en un mundo regido por la competitividad. Así, si el fabricante de automóviles Volkswagen es el número uno en Europa, ¿por qué no decirlo? Pues esto es lo que ha hecho recientemente el fabricante alemán poniendo en todos los escaparates de sus concesionarios: "VW nº 1". Una aparente fórmula matemática que habla por sí sola y que el consumidor entiende fácilmente.

8. **Slogan, Etiqueta y Logotipo.** En numerosas ocasiones el objetivo de una campaña publicitaria es que el consumidor alcance un alto conocimiento de la actividad de la compañía, del nombre del producto o de las ventajas de un servicio. Para conseguirlo puede ser suficiente la ilustración o la etiqueta del *pack*, el tamaño de las letras o el slogan que se dice, se escribe o se canta. Todo con el fin de resaltar, dar a conocer y hacer saber. Unas veces es el titular el que consigue ese conocimiento, y otras son titular e ilustración los que conjuntamente consiguen tal objetivo.

Este tipo de titulares son un tanto especiales. Cuando los redactores publicitarios usan el eslogan-etiqueta-logotipo lo hacen con una idea en su mente: sienten que el nombre del producto es, en sí, la atracción más importante. Cargar todo el énfasis en el propio nombre ha sido el objetivo de muchas campañas publicitarias con éxito que han dado la vuelta al mundo. Son simples, parecen no tener creatividad, dan la sensación de que cualquiera podría haberlo hecho. Es el caso de anuncios mundialmente conocidos como "Martini te invita a vivir" o "Chanel Nº5". El énfasis del nombre y los titulares-etiqueta pueden ser efectivos y son frecuentes, si bien muchos redactores publicitarios cambiarían de actividad profesional si toda la creatividad que llevan dentro se tuviera que conformar con titulares de este tipo.

¿Qué se puede decir de la eficacia de este tipo de titular? Puede ser efectivo para una campaña larga si tiene un eslogan muy fuerte. Quizá incluso puede empezar con un eslogan al final del anuncio, pero con una fuerza tan grande que sea ascendido al grado de titular.

Como ya hemos dicho anteriormente, la variedad de clasificaciones de titulares no debe ser un problema que nos lleve a la simple enumeración y a una probable confusión, sino más bien al enriquecimiento personal.

Más tipos de titulares

El nortemaricano Robert Bly, autor de varios libros sobre redacción publicitaria y *copywriter freelance* él mismo, propone otra interesante clasificación de titulares:

1. **Titulares directos.** Son los que exponen la proposición de venta directamente, sin juegos de palabras, dobles sentidos, ni trucos. Es un tipo de titular muy útil para hacer que el consumidor se dirija al punto de venta.

2. **Titulares indirectos.** Son los que hacen una afirmación dando un rodeo o creando un doble sentido. Estimulan la curiosidad y plantean cuestiones que se resuelven o se contestan en el cuerpo de texto.

3. **Titulares de noticia.** Si se tiene algo nuevo que decir del producto, es decir, una verdadera noticia, el titular es el

lugar indicado para darla a conocer. Puede ser la llegada de un nuevo producto al mercado, la mejora de un producto ya existente o una nueva aplicación para un producto viejo.

4. **Titulares con "Cómo" (*How to*).** Los titulares que empiezan con un "Cómo" crean una auténtica expectativa, no sólo en titulares publicitarios, sino también en artículos de revistas y títulos de libros. Lo cierto es que la técnica del "Cómo" está mucho más extendida en países anglosajones que en países de habla hispana. En inglés, tal como explica Robert Bly, hay más de 7.000 libros con el título "*How to...*". De hecho hay redactores publicitarios que afirman que si comienzas con las palabras "*How to...*" no puedes escribir un titular malo.

5. **Titulares de pregunta.** Consisten en realizar una pregunta que, de una manera u otra, interese al lector, le cause curiosidad o afecte directamente a sus necesidades. Nunca al interés, a la curiosidad o a las necesidades del anunciante. Se trata de realizar una pregunta cuya respuesta sea de alto interés para el consumidor.

6. **Titulares de orden.** Son titulares que pretenden generar ventas diciendo al consumidor qué es lo que tiene que hacer, o los pasos a dar para conseguir algún beneficio. Suelen ser titulares que comienzan con un verbo en imperativo y que incitan a la acción.

7. **Titulares de "razón por la que".** Dan una serie de razones por las que el producto o servicio conviene al consumidor. Pueden incluso enumerar las características y los correspondientes beneficios, de manera que el lector vea en ellas la solución a uno, dos, tres o más problemas, o las claras ventajas de su disfrute. Es un tipo de titular que introduce de manera efectiva el cuerpo de texto.

8. **Titulares de testimonial.** En este caso los propios consumidores se dirigen a otros potenciales consumidores manifestando su satisfacción o recomendando el producto. El titular está puesto en boca del consumidor. Las comillas y la foto o el nombre del testimonio dan a entender al lector que lo que se dice viene de otro consumidor como él y no de la empresa anunciante. El testimonial da credibilidad e identificación con el *target* (10).

Hay otros muchos autores y redactores que, ante la necesidad de tipificar o de ayudarse a pensar y escribir, crean sus propias clasificaciones, y están en su derecho. La clasificación de tipos de titulares es un tema inagotable ya que cada una obedece a criterios y puntos de vista diferentes, aunque válidos. Esto nos da una idea de la dificultad para acotar un tema cuyo objeto está basado en la creatividad. Pero el simple ejercicio de observar la publicidad hecha en todos los medios, con todas sus variantes y todas sus infinitas posibilidades, es un ejercicio útil como punto de partida para el redactor publicitario.

3. TÉCNICAS DE CREACIÓN DE TITULARES

Como se puede comprobar, existen distintos puntos de vista a la hora de hacer clasificaciones o tipologías de titulares, lo que casi simultáneamente nos está indicando que hay muchas maneras de crear titulares y, por supuesto, distintas técnicas. Se podría decir incluso que no hay dos redactores publicitarios que tengan métodos idénticos de crear titulares. No obstante, se observan algunas tipologías de redactores publicitarios: redactores que pasan el 90% de su tiempo escribiendo docenas de titulares antes de escribir una palabra del cuerpo de texto; redactores que escriben primero el cuerpo de texto y de aquí extraen el titular; redactores que analizan un buen número de anuncios ya publicados y utilizan los titulares de estos anuncios como fuente de inspiración para sus propios anuncios; redactores que trabajan en grandes agencias de publicidad y recurren a los directores de arte para que les ayuden a desarrollar y escribir el concepto; y también redactores publicitarios con gran experiencia que escriben veinte, cuarenta o cien titulares antes de tomar la decisión final. La razón obedece básicamente a dos motivos: primero, que el titular que hace el noventa y nueve puede ser el más brillante de todos y, segundo, que los titulares escritos y luego rechazados pueden ser líneas cargadas de conceptos utilizables después en el cuerpo de texto.

Antes de nada, ¿titulares largos o cortos?

Respecto a si los titulares deben ser largos o cortos no hay ni puede haber una regla. David Ogilvy escribió titulares cortos ("The Man in the Hathaway Shirt"), pero también los escribió largos ("At 60 miles an hour the loudest noise in this new Rolls-Royce comes from the electric clock"). Tim Riley, uno de los *copywriters* más premiados de la publicidad británica en los últimos años, dice: "Siempre intento hacer titulares que digan lo máximo posible de la historia (consecuentemente, acabo haciendo titulares muy largos)" (11). Jim Durke, prestigioso redactor publicitario americano, advierte que no existen titulares largos, sino titulares demasiado largos. Y éstos pueden serlo por dos palabras si estas dos palabras no son necesarias. Este punto, que aparentemente se presenta como polémico, no deja espacio para la duda. No hay una norma sobre la longitud de los titulares, pero sí se puede dar un sabio consejo: un titular tiene que ser tan largo como sea necesario, pero sin desperdiciar una palabra. Hay que hacer que cada palabra cuente.

Si el propósito de un titular es atraer la atención y crear interés, el redactor publicitario dispone de tres caminos básicos a seguir para crear titulares efectivos:

- *Apelar al "propio interés" del lector resolviéndole un problema o satisfaciéndole una necesidad.*
- *Proporcionar al lector "noticias". El ser humano siempre quiere estar enterado de lo nuevo.*
- *Apelar a la "curiosidad" del lector. Es algo natural e innato; sin embargo, hay que tener especial cuidado. Un titular que apele a la curiosidad puede ser muy efectivo, pero si se convierte en un "titular ciego ", es decir, que no consigue pasar del titular porque no provoca el suficiente interés para llegar al cuerpo de texto, habrá fracasado.*

Se trata, en definitiva, de hacer la proposición de venta desde el punto de vista del lector. Éste es un requisito básico, a la vez que una condición imprescindible, para lograr una comunicación efectiva. El redactor publicitario con empatía, con la suficiente habilidad para ver las cosas desde el punto de vista del otro, tiene medio camino recorrido para crear buenos titulares, y si además domina algunas técnicas las posibilidades de éxito aumentan considerablemente.

Otras técnicas de creación de titulares

Es cierto que parece existir un miedo al papel en blanco, pero el redactor publicitario nunca parte de cero. Existen algunas técnicas para empezar bien un anuncio, es decir, para involucrar al consumidor ya desde el titular.

1. **Plantear una pregunta al lector.** Es el tipo de titular que fuerza al consumidor a participar del anuncio. Una pregunta siempre exige una respuesta, es una provocación, y por lo tanto una manera de garantizar que será leído.

2. ***"How to"***, es decir, "Cómo..." conseguir un aumento de sueldo, cómo ahorrar, cómo vivir mejor, cómo pintar el piso en una mañana y sin llamar al pintor, cómo tocar la guitarra en un mes, etc. Son titulares que ofrecen información útil para resolver problemas prácticos. Es un tipo de titular irresistible, promete una valiosa ayuda. Siempre se lee.

3. **El desafío, la apuesta y el reto.** Son técnicas que implican directamente al lector porque suponen forzarlo a tomar parte activa en la proposición de venta. Si el consumidor lee "Compruebe cuánto sabe usted de vinos españoles" leerá el cuerpo de texto, realizará el test propuesto y medirá las respuestas para saber su nivel de conocimiento de caldos ibéricos.

Para el inglés Alistair Crompton, redactor, profesor y autor de varios libros sobre redacción publicitaria, el titular es el segundo Stop en la ruta de la visualización de un anuncio (el primero es la imagen), por lo que el titular es la parte más importante del anuncio para el redactor publicitario. Por eso cabe plantearse una pregunta arriesgada pero obligada: ¿qué es lo que hace que un titular sea un "buen titular"? Crompton da algunas claves:

- *Debe ir siempre en consonancia con la imagen.*
- *Debe contar parte de la historia, mientras la imagen dice el resto.*
- *No utilizar nunca un titular para repetir lo que dice la imagen y viceversa.*
- *No ilustrar simplemente un titular; hay que dejar que las dos partes hagan la parte del trabajo que les compete.*

De hecho, todo buen anuncio debe ser capaz de ser percibido como si fuera un póster, de manera que el lector no tenga que entrar en la letra pequeña para conocer la historia, para saber de qué va el anuncio, qué ofrece. Un factor a tener en cuenta es que la media de tiempo que dedican los lectores a cada anuncio es de un segundo y medio, y por lo tanto la función del titular de captar la atención de los lectores se convierte en algo más que importante: es imprescindible.

Probablemente lo que propone Steve Hayden, redactor publicitario de Ogilvy & Mather Worldwide en Los Ángeles, no puede considerarse una técnica de creación de titulares, pero sí una guía o ayuda. Hayden apela a los "defectos" capitales del hombre, reflejados perfectamente en la Biblia, para convertirlos en fuente de inspiración del redactor publicitario. Así, el orgullo, la ira, la envidia, la gula, la lujuria, la pereza y la ambición pueden ser temas de interés para el redactor publicitario, por lo que conviene familiarizarse personalmente con ellos.

Desde luego el redactor puede utilizar estos temas para ayudarse a escribir mensajes publicitarios, pero sólo eso, ayudarse. Porque además de utilizar temas que de por sí suponen una cierta garantía, el redactor necesita algunas técnicas que le permitan tener criterios para llamar la atención y dar argumentos. Así, tenemos:

1. **La técnica del "Por qué".** Es una excelente palabra para usar en el titular. "Por qué" permite al redactor publicitario presentar y argumentar de manera razonada la lista de beneficios que el producto ofrece. "Por qué" hace el argumento interesante. Toda pregunta requiere siempre una respuesta y realizar una pregunta en el titular significa que el lector querrá conocer la respuesta. Es algo automático.

2. **La técnica del "Cómo".** Es otra poderosa palabra para un titular. Si el anunciante tiene un producto o servicio muy complicado de explicar en el titular, el beneficio se puede resumir en una sola situación encabezada por un "Cómo".

3. **La técnica del "Dónde".** No es una técnica muy utilizada, pero es ideal si se pretende resaltar en el titular en qué situación o situaciones muestra el producto su mayor ventaja. Que en el proceso de creación el redactor publicitario se pregunte dónde será más usado el producto o dónde será más útil es una manera de sacar el máximo partido al producto ya su comunicación.

4. **La técnica del "Quién".** Es la técnica de "Quién" puede intervenir en el anuncio que lo haga especialmente interesante. Lo que no significa que sea un famoso o la estrella del momento. Es algo más que eso. Puede ser un dios griego, un personaje de la literatura o el mismo cliente. La pregunta es "Quién" puede intervenir en el anuncio para que sea memorable. Si el redactor publicitario busca un actor famoso como modelo tendrá que tener una buena idea y un buen texto para sumar ambos potenciales.

5. **La técnica del "Cuándo".** El "Cuándo" pretende que el redactor publicitario, volando con su imaginación, sitúe el argumento en diferentes tiempos. Puede volver a la prehistoria, a la época de los romanos, a la Edad Media o entrar de lleno en el año 2020. Una campaña de "Cuándo" añade un ingrediente con altas posibilidades de incrementar la audiencia. Este tipo de campañas pueden ser muy útiles en productos que requieran añoranza del tiempo pasado.

6. **La técnica del "Antes y Después".** Los argumentos de "Antes y Después" han funcionado, funcionan y funcionarán siempre y cuando tengan honestidad y credibilidad. De lo contrario, el efecto boomerang puede ser pernicioso.

7. **La técnica de "Inventar un lugar".** No es nada nuevo, pero sus posibilidades son infinitas. Quizá el primero en hacerlo y hacerlo bien fue el "Ven al mundo del sabor. Ven a Marlboro Country". Este titular es prácticamente conocido en todo el mundo. Los plagios están garantizados: "El mundo de las golosinas", "El país de las pizzas", "La boutique de las vacaciones", etc., pero siempre hay un nuevo mundo por descubrir para un buen redactor.

8. **Inventar un carácter o un personaje.** El famoso "Man in the Hathaway Shirt", de Ogilvy, es un buen ejemplo de esta técnica. "Mr. Proper" (ahora Mr. Limpio), el limpiasuelos calvo y musculoso que todo lo puede, es otro ejemplo. El acierto en la búsqueda de este carácter, personaje imaginario o real, puede depender mucho de la suerte. Por ello, si se quiere ir a lo seguro, una buena solución es crear varios caracteres y testarlos.

9. **Poner al cliente en el anuncio.** Que el mismo presidente de la General Motors, Lee Iacocca, protagonice en EE. UU. un anuncio de televisión de la marca que preside es algo inusual que además ha sentado un precedente imitado muchas veces. Lee Iacocca abrió así un nuevo camino creativo para el redactor publicitario. El caso de Manuel Luque para el detergente Camp es su homólogo más conocido.

10. **Cambiar el nombre al producto.** Esta técnica consiste en "añadir algo al nombre del producto" que automáticamente va asociado al producto. Es como ponerle un apellido. Decir "Mimosín" es una cosa, y decir "Mimosín, el del osito", es otra. El ama de casa que va al supermercado y ve desde lejos el display de un osito sabe que allí le está esperando la suavidad que puede dar a toda su familia.

11. **Las comparaciones son excelentes.** Lo mejor que un redactor publicitario puede hacer si tiene un producto

mejor que la competencia es demostrarlo. No cabe duda de que la comparación es una de las técnicas más convincentes. La idea es coger un producto competidor o uno que represente a toda la competencia y compararlo con el nuestro. Si el nuestro es más duro, más largo, más económico, tiene más vida, quita las manchas mejor, etc., estamos dando sólidos argumentos al consumidor para que compre nuestro producto. Además, si algo hace el consumidor de manera natural es comparar. Hagamos, pues, de la comparación una técnica de redacción publicitaria.

12. **El desafío.** El tan conocido "Y si no está satisfecho le devolvemos el dinero" es un auténtico desafío al consumidor y a todos sus frenos psicológicos. Esta técnica está todavía infraexplotada por lo que el buen redactor publicitario tiene mucho que decir en este campo. Por ejemplo, es ideal para lanzar un nuevo producto. La idea es que el nuevo producto desafía a los ya existentes en el mercado. Decir "Si encuentra uno mejor, cómprelo" es algo que da seguridad al comprador.

13. **La garantía.** Una de las estrategias que utilizaron los fabricantes de coches japoneses al vender sus coches en Estados Unidos y en Europa fue dar una garantía de tres años, y algunos incluso de cinco. Decirlo en el titular es decirle al consumidor: estamos tan seguros de la calidad de nuestros coches que puede permitirse el lujo de no pisar un taller, y si lo pisa no le costará nada. Hoy otros fabricantes también lo hacen, o mejor dicho, se han visto obligados a hacerlo. No cabe duda que dar garantías, y darlas por escrito, es algo muy convincente.

14. **El test de tortura.** Es una técnica que puede hacer muy interesante la campaña. Los tests de tortura, por su naturaleza, prueban la eficacia del producto. Pretende demostrar hasta qué extremo el producto puede hacer cosas

por el usuario. Sugerir al anunciante realizar tests de tortura y que éste lo apruebe es, además, una prueba de su convencimiento sobre la bondad de su producto.

15. **Palabras chocantes.** La gran ventaja de esta técnica es que hace que la gente lea. Frases inesperadas, contradictorias, sorprendentes, juegos de palabras, juegos de letras, etc., son trucos para llamar la atención, pero no han de ir seguidos de una decepción.

16. **Técnicas para el cuerpo de texto.** Tanto en el titular como en el cuerpo de texto hay palabras que deberían desaparecer y otras que siempre deberían estar presentes. Casi siempre que se utiliza "yo" o "nosotros" la empresa está queriendo vender algo. Pero si el protagonista es "tú" o "usted" el consumidor siente que "aquí hay algo bueno para mí". El "tú" o el "usted" son palabras sagradas para el redactor publicitario. Crompton llega a decir que hay una relación directa entre el número de "tú" utilizados y el número de ventas.

17. **No romper la disciplina.** Invertir buena parte del tiempo en poner los beneficios en orden es sumamente importante, pero sólo es el principio. Luego el redactor tiene que encontrar el hilo conductor que hilvane el titular con el texto y su contenido. Ésta es sin duda una sana disciplina. No obstante el redactor no está solo, existen algunos trucos estilísticos que ayudan a crear el hilo conductor: preguntas, repeticiones, puntos numerados o letras, guiones, palabras y frases "eslabones", verbos de acción, etc. Se trata, en definitiva, de ponerse en lugar del lector mientras se está escribiendo para él y obtener así el efecto deseado.

18. **Utilizar algunas palabras clave.** Hay una sola regla sobre la creación de anuncios: que no hay reglas. Pero cualquiera con mínimas dotes de observación puede ver que hay

una serie de palabras mágicas que siempre se repiten, que siempre están ahí y que provocan una reacción. Palabras y frases que conocemos, que llaman la atención o simplemente empujan, como por ejemplo: gratis, ahora, dinero, único, ahorro, garantía, madre, rebaja, directo de fábrica. Si bien es cierto que su frecuente uso y abuso acaba devaluándolas.

19. **Utilizar el testimonio del competidor.** Esta técnica consiste en que un conocido competidor utilice nuestro producto. El hotel al que van los propietarios de hoteles. El lugar donde van de vacaciones los agentes de viajes. El vino que compran los catadores. La carne que compraría su perro. Son sólo algunas formas de poner en boca de un experto lo que conviene a nuestra audiencia.

20. **La técnica de los tópicos.** Utilizar tópicos es una fuente inagotable de creatividad, siempre y cuando aporten algún beneficio. De hecho, se puede distinguir entre dos categorías de tópicos: cuando el producto se relaciona con un evento directamente conectado con la fuente de negocio y cuando producto y evento no tienen ninguna conexión aparente entre sí.

21. **La técnica de las citas famosas.** Alastair Crompton confiesa que cuando comenzó como redactor publicitario pasó muchas horas consultando diccionarios de citas, pensando que así encontraría buenos titulares. Pero nunca sucedió. Llegó a la conclusión de que los pasos a seguir son, en menor o mayor medida, los aquí citados: estudiar el producto, estudiar el mercado, tomar todos los hechos que se puedan, decidir a quién dirigirse, y entonces, sólo entonces, comenzar a pensar en el anuncio y en el titular. No obstante nadie puede prohibir utilizar citas. El buen redactor publicitario es una persona culta y una persona de la calle que conoce muy bien al consumidor. Una cita adecuada, en el momento adecuado, para el producto adecuado, puede ser un excelente titular.

22. **La técnica de la demostración.** Desde siempre mostrar el producto es una de las formas más efectivas de vender, pero hay algunas variantes sobre cómo hacerlo:

- *Mostrar lo que el producto hace y decir lo que vale puede parecer obvio, pero si el beneficio para el consumidor tiene un coste asequible es más que suficiente. Ni testimonial, ni trucos, ni nada especial.*
- *Simular una situación de la vida real en la que el anunciante aprovecha para "dejar caer" una demostración puede ser algo muy convincente.*
- *Repetir algunas palabras o frases una y otra vez para enfatizar el mensaje.*
- *Toda demostración tiene unos puntos clave: decirlo claramente, hacerlo creíble y no dar opción a la interpretación.*

23. **La técnica del cómic.** La publicidad a base de cómics no sólo es útil para productos infantiles, sino que puede ser muy útil para demostrar cómo actúa un producto, cómo se monta y desmonta, cuál es el resultado, etc. Lo importante de contar con artistas de primera línea es que proporciona una importante garantía para la obtención de los mejores resultados.

A la luz de toda la información obtenida, el redactor comienza a escribir buscando el ansiado titular. Pero antes de nada conviene tener en cuenta estos consejos:

- *Comenzar con un mensaje de venta y escribir titulares que transmitan este mensaje. Hay redactores que encuentran rápidamente el titular que están buscando; otros escriben varias hojas, que en el peor de los casos siempre serán útiles para aprovecharlos en el cuerpo de texto.*

- *Si se trata de un producto ya existente conviene averiguar lo que dicen los anuncios anteriores. Muy probablemente el mensaje de venta para el titular puede estar enterrado en el cuerpo de texto de uno de ellos.*
- *Si el titular bueno no llega, es conveniente hacer una lista de palabras clave que se relacionen con el producto. Seguramente la mezcla de estas palabras clave dará lugar a titulares diferentes con un alto contenido en conceptos que puede albergar lo que estamos buscando.*
- *Si aún así no llega un buen titular no hay que desesperarse. Hay que comenzar a escribir el cuerpo del texto y, una vez escrito, volver al titular. Seguramente vendrán a la cabeza nuevas ideas. Escribirlas debajo tal como vienen y volver a ellas después es una manera de evitar que se olviden o caigan en saco roto. Muy probablemente parte de este material sea inadecuado, pero también muy probablemente el titular perfecto esté ahí envuelto o escondido.*

A la luz de estas técnicas puede parecer que escribir publicidad y crear titulares sea algo mecánico, que es cuestión de "seleccionar" y "aplicar". Nada más alejado de la realidad. Todos los pintores aprenden primero cómo coger el pincel, cómo mezclar los colores, cómo dominar la perspectiva. Igual sucede con los arquitectos, estudian qué materiales utilizar, qué resistencia tienen, cómo combinarlos de nuevas maneras, qué nuevos materiales se pueden incorporar. El resultado está ahí, Miguel Ángel y Dalí, el Partenón y la Tour Eiffel. Las técnicas no son más que los instrumentos de la creatividad para conseguir nuevos caminos creativos. Nunca el camino a seguir.

Para concluir este capítulo conviene hacer una reflexión final que sintetice todo lo tratado y aporte una luz final. Esta síntesis se podría realizar a partir de tres preguntas que todo redactor publicitario debería formularse a la hora de escribir titulares: ¿Quién es mi consumidor? ¿Cuáles son las características más importantes del producto? ¿Por qué querrá el consumidor comprar mi producto? Cuando el redactor tiene la respuesta a la pregunta número tres conoce la proposición clave de venta que ha de destacar en el titular.

Llegado este momento el redactor publicitario ha recorrido ya una gran parte del camino, prácticamente tiene medio titular resuelto, pues ya sabe exactamente qué es lo que debe decir.

Es entonces cuando el conocimiento y la utilización de algunas de estas técnicas y el talento del redactor hacen el resto del trabajo. Normalmente el más vistoso.

NOTAS BIBLIOGRÁFICAS

(1) Bly, Robert: *The Copywriter's Handbook. A Step-by-Step Guide to Writing Copy that Sells.* Henry Holt, New York, 1985, p. 12.

(2) D&AD: *The Copy Book (How 32 of the world 's best advertising writers write their advertising).* The Designers & Art Director Association, London, 1995, p. 10.

(3) Baker, Stephen: *The Advertiser's Manual.* Wiley, New York, 1988, p. 289.

(4) *Ibid.*, p. 290.

(5) Bly, Robert: *The Copywriter's Handbook. A Step-by-Step Guide to Writing Copy that Sells.* p. 17.

(6) Schwab, Victor O.: *How to Write a Good Advertisement.* Harper & Row, New York, 1962.

(7) D&AD: *The Copy Book (How 32 of the world 's best advertising writers write their advertising)*, p. 80.

(8) Ward Burton, Philip: *Advertising Copywriting.* NTC Business Books, 6th edition, Lincoln-wood (Illinois), 1991, p. 54.

(9) D&AD: *The Copy Book (How 32 of the world 's best advertising writers write their advertising)*, p. 14.

(10) Bly, Robert: *Ads that Sell. How to Create Advertising That Gets Results.* Asher-Gallant Press, New York, 1988, p. 11.

(11) D&AD: *The Copy Book (How 32 of the world's best advertising writers write their advertising)*, p. 138.

Capítulo 3
Elementos clave de la redacción publicitaria (II): El cuerpo de texto

1. VALOR DEL CUERPO DE TEXTO

Una vez que el titular y la imagen han "detenido" al consumidor llamando su atención el anuncio ha logrado tan sólo una parte de su objetivo. El siguiente paso es que el consumidor lea el cuerpo de texto (*body copy*). Es aquí donde el redactor publicitario ha de argumentar la venta, demostrar el beneficio, dar pruebas de la ventaja que supone disfrutar del producto o servicio, provocar el deseo y, finalmente, reclamar el paso a la acción.

El cuerpo de texto tiene unas características propias, tanto físicas como conceptuales, y su poder no es menor que el del titular si cumple la función de provocar el interés y el deseo. El cuerpo de texto se escribe en una letra más pequeña que la del titular o subtitular y es su continuación lógica. Es donde se cierra la venta. Ciertamente el escaparate de cualquier tienda en una calle comercial tiene el objetivo de llamar la atención, y lo hace con una estudiada decoración, con la colocación de los productos de manera atractiva y sugerente, con una iluminación que los realza, y con una ambientación y una personalidad que trata de distinguirlos de otros comercios. El objetivo del escaparate, pues, no es ser contemplado sin más, sino llamar la atención y que el potencial comprador entre en el establecimiento. Una vez dentro el vendedor tiene preparada toda suerte de argumentos para convencerle, es decir, para que compre.

La misión del cuerpo de texto en el anuncio es argumentar las cualidades, características y beneficios que tiene el producto y que interesan o pueden interesar al consumidor. El cuerpo de texto tiene, por lo tanto, la importante misión de impulsar a la acción.

Aparentemente el redactor publicitario tiene una misión sencilla y rutinaria, puesto que ya ha captado la atención del consumidor y ha conseguido que el consumidor entre en la tienda, pero no es así. El cuerpo de texto es la parte más engañosa de escribir en cualquier anuncio, porque tiene que contar una historia interesante, como si enfrente tuviera a un oyente imaginario. En definitiva, tiene que utilizar toda la información necesaria para convencerle de que compre.

La importancia del cuerpo de texto es clara para Donald Jugenheimer, quien defiende que "el *body copy* es el texto principal del anuncio. El cuerpo de texto afianza la venta, explica con más detalle cómo trabaja el producto, prueba que funciona y al final da la orden de compra" (1). Sin embargo es precisamente a la hora de hablar del cuerpo de texto cuando surgen las opiniones más contradictorias por parte de estudiosos del tema y algunos redactores publicitarios. Así, Alastair Crompton afirma que nadie lee el cuerpo de texto, si bien él mismo advierte que "debes tener cuidado con esto, porque si después de ver el titular y las imágenes la gente no lee el cuerpo de texto entonces tienes un argumento malo. Nadie lee un *body copy* malo. Pero la gente lee un buen *body copy*" (2). Por otra parte, es también cierto que en determinados anuncios nadie lee el cuerpo de texto. La respuesta es relativamente lógica, ya que si la imagen y el titular cuentan la historia, o parte de ella, y explican los beneficios, todo está hecho.

En el día a día encontramos que hay anuncios sin cuerpo de texto, con cuerpo de texto bueno y cuerpo de texto malo. Cabe preguntarse entonces cuándo es necesario el cuerpo de texto en un anuncio, qué hace que sea bueno y qué hace que sea malo. Tampoco hay que olvidar otro de los grandes temas que acechan al redactor publicitario al escribir un anuncio: ¿cuerpo de texto corto o cuerpo de texto largo? Cuestiones todas ellas que afrontaremos en este capítulo con el propósito de analizar los elementos que dan al cuerpo de texto todo su valor como herramienta de comunicación y de venta.

El cuerpo de texto: partes y funciones

Aparentemente el cuerpo de texto es un todo, y lo es, pero sólo para el consumidor. Para el redactor publicitario es un todo divisible en partes y cada una de ellas tiene una misión concreta, por lo que ha de ser pensado y escrito desde esta perspectiva. Así, para cumplir su misión el cuerpo de texto debe:

- *Edificar sobre el interés ya despertado en el titular.*
- *Informar al consumidor para despertar en él el deseo de adquirir el producto.*
- *Convencer de la verdad del mensaje.*
- *Conducir al potencial consumidor hacia algún tipo de acción concreta.*

La pregunta obligada ahora es cuáles son esas partes y qué funciones desarrollan. Son muchos los autores y redactores que ven necesario dividir el cuerpo de texto con el fin de estudiarlo mejor. Así Bovée & Arens defienden que son cuatro los elementos básicos usados en la construcción del *body copy:* primer párrafo, párrafos interiores, precierre y cierre (3).

Es necesario detenernos en cada uno de ellos para estudiarlos con más profundidad.

1. **El primer párrafo.** Es el puente entre el titular, los subtitulares y la idea de venta presentada en el texto. Provoca interés sobre el beneficio del producto, pero puede tener también otras funciones. En anuncios muy cortos y en publicidad exterior puede ser el único párrafo, y contener la promesa, la argumentación y el cierre.

Para Robert Bly el primer párrafo se convierte en un *punto crítico* porque es la conexión entre el titular y el cuerpo de texto, y no puede ser decepcionante ni decir nada que sea obvio para el lector. De hecho, el primer párrafo es una ampliación del tema del titular. Hay redactores que, a modo de introducción, escriben primeros párrafos que suenan bien pero dicen algo que el lector ya conoce. Es un error; el primer párrafo debe ir directamente donde comienza la carne del mensaje (4).

F. Messner se expresa en similares términos al hablar del cuerpo de texto en general y del primer párrafo en particular. Así defiende que "el primer párrafo debe saldar inmediatamente la promesa del titular, debe ser corto, debe tener movimiento y debe limitarse al beneficio mayor" (5). Y todo ello debe hacerlo de manera que acentúe lo positivo, porque lo positivo siempre da mejores resultados. No en vano la gente tiende a recordar los buenos momentos de la vida al tiempo que desecha, consciente o inconscientemente, los malos. Acentuar lo positivo es hablar bien del producto y hacerlo de manera que tienda a ser recordado como bueno, pero bueno por sí mismo, no a costa de los demás. En este sentido Erika Levy da una serie de consejos para acentuar lo positivo: "No intentes vender tus productos hablando mal de los competidores. No discutas tópicos como la polución o la inflación, a no ser que verdaderamente puedas hacer algo por mejorarlo. No hagas que los lectores se tengan que concentrar mucho tiempo en una situación indeseable, antes bien, muéstrales la manera de evitar la situación" (6).

2. **El segundo párrafo y siguientes (los párrafos interiores)** deben despertar el deseo por el producto, de manera que el lector no se quede inmerso en la simple información o en la bondad del producto, sino que avance hacia la compra. Por eso los párrafos interiores deben inducir dando alguno de estos pasos:

1. *Describir las características físicas del producto (tamaño, color, diseño, velocidad, durabilidad, etc.).*
2. *Traducir estas características en beneficios para el usuario (el plan del copywriter tiene que contenerlos).*
3. *Prometer que el lector pueda conseguir estos beneficios con la compra del producto.*

Desde luego el anuncio entero tiene que inspirar convicción. Por eso, para convencer al lector de la verdad del mensaje, el redactor publicitario no debe limitarse simplemente a hacer afirmaciones, sino que debe ofrecer pruebas fidedignas que demuestren tales afirmaciones. De hecho se puede hablar de distintos tipos de pruebas: investigaciones (ya sean realizadas por las autoridades o por entidades privadas), tests, historias de casos, testimonios de consumidores o del propio anunciante, resultados de la utilización del producto, demostraciones, garantía, ofertas, muestras gratuitas, información complementaria, etc. Es decir, se debe informar y recompensar al lector. Para ello el redactor dispone de algunas técnicas o recomendaciones que le pueden ayudar a argumentar:

- *Demostrar las características de las que se está hablando y dejar que el lector extraiga sus propias conclusiones.*
- *No hacer afirmaciones faltas de toda credibilidad.*
- *Lograr impactar.*
- *Aprovechar la ventaja de poder ofrecer situaciones excepcionales tales como aniversarios, rebajas, acciones de temporada, etc.*
- *Hacer que el tono del anuncio sea el adecuado para la imagen que se quiere transmitir.*
- *Utilizar el formato apropiado.*
- *No ahogar el propio mensaje atacando al de un competidor.*

No son sólo las palabras del texto las que ofrecen credibilidad. La dirección de arte, el propio formato o el soporte elegido son también parte de la comunicación de la imagen del producto y de la compañía anunciante.

En todos los casos el texto debe ser simple, ordenado, creíble y claro, o como advierte John O'Toole, "que la prosa sea escrita de forma clara, informativa, interesante, poderosa, persuasiva, dramática, memorable y con gracia. Eso es todo" (7).

3. **El precierre.** Da la opción de realizar la compra tan pronto como sea posible y tiene la misión de intercalarse en los párrafos interiores y reclamar la acción provocando la

inmediatez. En anuncios de venta por correo es especialmente importante llamar la atención sobre la rapidez de la toma de decisión, ya que el lector no tiene por qué leer necesariamente todo el cuerpo de texto, de manera que se reclama su paso a la acción varias veces sin que sea necesario llegar al final del anuncio.

4. **El cierre o párrafo final.** Tiene su propia misión, que consiste en empujar a la acción, a no ser que el objeto del texto sea puramente informativo. De hecho, ya en la estrategia de comunicación queda fijada la *acción deseada;* por eso el redactor publicitario debe plantearse qué quiere que el lector haga después de leer el anuncio. Es indudable la labor de inducción a la acción del último párrafo, pero requiere un plan establecido previamente para todo el anuncio de manera que sea una unidad estudiada, coherente y eficaz. Ha de ser un plan estratégico que marque los objetivos del anuncio y sobre todo plasme dos directrices claves: primero, qué acción debe llevar a cabo el lector, y segundo, darle razones por las que debe hacerlo. Es decir, el cierre o párrafo final pide al consumidor que haga algo y le dice cómo hacerlo. Por eso es la parte del anuncio que incita a la acción. Pero no todos los anuncios venden un producto o servicio, pues muchas veces sólo se pretende un cambio de actitud, la comprensión de los puntos de vista presentados o la preferencia por los productos o servicios del anunciante. En este sentido Bovée & Arens hacen una clasificación de tipos de cierre en función del modo de inducir a la acción:

- **Cierre directo.** Pide una respuesta inmediata del consumidor solicitando la compra o más información y detalles.
- **Cierre indirecto.** Pretende provocar la acción de manera indirecta. Es el incitar a la compra de un rega-

lo, para obtener el beneficio del agradecimiento y del sentirse querido.

- **Cierre de sugerencia.** Es más sutil, busca la elegante insinuación y no la acción-agresión. Es más propio de productos que dan un cierto status.
- **Cierre de orden directa.** Explica dónde, cómo o cuándo realizar la acción. Dónde comprar, dónde enviar el pedido, número de teléfono gratuito al que llamar. Todo tan fácil como sea posible para el lector (8).

En general muchos anuncios hacen bien lo primero, explicando la acción a realizar, pero realmente sólo unos pocos hacen bien lo segundo, dando al lector un incentivo real para superar su natural inacción. Por eso la frase final debe enfatizar lo que el posible comprador conseguirá si actúa o lo que perderá por no actuar. En este sentido y para llamar a la acción hay algunas técnicas impulsoras que facilitan los esfuerzos anteriores:

- *Ofrecer incentivos.*
- *Dar un tiempo límite.*
- *Dar facilidades para que la gente responda.*
- *Mencionar la limitación de existencias.*
- *Ofrecer descuentos.*
- *Devolver el dinero si el cliente no queda satisfecho.*

Con estas llamadas a la acción el redactor publicitario pretende cerrar el cuerpo de texto de manera que quede claro para el consumidor qué es lo que tiene que hacer para obtener el producto (enviar un cupón, hacer una llamada de teléfono, visitar una oficina, ir a una tienda concreta, a una dirección, etc.).

Qué decir en el cuerpo de texto

Tras esta breve reflexión sobre la misión y las partes del cuerpo de texto queda una pregunta importante por responder: ¿qué decir en el cuerpo de texto para que el anuncio tenga éxito? El redactor publicitario puede conocer el producto perfectamente, puede estar familiarizado con él e incluso puede ser un gran conocedor simplemente por ser usuario, en cuyo caso puede transmitir una sensación de igual a igual al consumidor. Pero puede también suceder que el producto sea ajeno a la experiencia personal del redactor, es decir, que sepa poco sobre él o prácticamente nada. Bajo estas circunstancias el redactor publicitario puede cometer el error de escribir un cuerpo de texto con verdades interesantes para él, pero en absoluto interesantes para el lector por pecar de obvias, de ya conocidas o simplemente de repetidas. Por eso debe definir el rol que ha de tener la publicidad en todos y cada uno de los anuncios que escribe (educar, informar, persuadir, vender). El solo conocimiento de este dato aporta luz sobre qué puede estimular a la audiencia y qué puede ayudar a situarse frente a la competencia con ventaja, es decir, qué puede motivar y diferenciar a la vez.

Todos los autores y profesionales de la publicidad coinciden en que ese algo que haga motivar y diferenciar a la vez es el *beneficio* que puede obtener el lector, espectador u oyente con la compra del producto.

Así, Tom Brannan dice que "normalmente la gente no escoge prestar atención a la publicidad, lo hará solamente si le damos una razón válida para hacerlo, es decir, sólo si contestamos a la pregunta: ¿y de todo esto, qué hay para mí? La respuesta debe ser un beneficio tangible, concreto" (9).

El beneficio en el cual el redactor publicitario decide basar su mensaje debe ser significativo para la audiencia y debe centrarse en averiguar si es único, si no lo ofrece nadie más y si es, a la vez, lo suficientemente interesante. Y aún así existen riesgos, porque la unicidad es normalmente un margen competitivo de corto término, pero que debe ser explotado mientras existe.

En este sentido T. Brannan propone establecer una *jerarquía de los mensajes,* lo que a todas luces ha de dar como resultado final encontrar el beneficio correcto a comunicar a la audiencia. Para conseguirlo T. Brannan propone seguir este cuadro (10):

Un único beneficio
Una ventaja competitiva
Apropiarse de una motivación
Publicidad como elemento diferenciador

(*Jerarquía de los mensajes,* de T. Brannan)

El primer problema es descubrir si existe un beneficio único o si existen varios, y cuál es el que presenta una mayor ventaja para la audiencia. Para averiguarlo se puede realizar un simple ejercicio de búsqueda del beneficio que pueda motivar y diferenciar a la vez. Las llamadas *tablas de información* son una excelente herramienta para conseguirlo. Consisten en dividir una hoja en dos columnas. En la columna izquierda tenemos una lista de aspectos de lo que ofrecemos que son mejores que los que ofrece la competencia, empezando por el más importante y acabando por el menos importante. A su vez, en la columna derecha se escribe la lista de prioridades del mercado, lo que es más importante para los consumidores. Con este simple ejercicio de comparar las dos listas se puede encontrar el *motivador clave.*

El siguiente paso es concentrarse en la columna de la derecha y averiguar cuál es el mensaje motivador clave desde el punto de vista del consumidor. Después hay que investigar si hay alguna similitud en la publicidad de la competencia y si algún motivador clave, interesante para ser comunicado, no ha sido ya apropiado-utilizado por ningún otro anunciante, porque entonces hay que tomarlo como propio, y hacerlo, además, rápidamente. Se trata en definitiva de "apropiarse de", "de tener en propiedad", de conseguir identificar un beneficio como único, propio y exclusivo. Para identificar este motivador clave las tablas de información son una excelente herramienta:

Nuestros puntos fuertes	**Lo que el mercado quiere**
1	1
2	2
3	3
4	4
5	5
6	6
7	7
8	8
9	9
10	10

Para ilustrarlo, nada mejor que un ejemplo ya histórico. En los años 50 la gente se cepillaba los dientes una vez por la mañana. Se decía que había que hacerlo porque la boca estaba sucia. Pero a los consumidores no les gustaba oír que su boca estaba sucia. "Colgate" encontró un *motivador clave* que fue la razón de su inmediato éxito: "Una boca y un aliento frescos".

Quizá el descubridor de este principio fuera Claude Hopkins quien, en su libro *"Mi vida en publicidad"*, cuenta que se quedó maravillado al ver personalmente el complicado proceso de fabricación de la cerveza Schlitz, proceso que perseguía la máxima pureza y que todos los fabricantes de cerveza vendían como si fuera propio y exclusivo. Todos los cerveceros en esta época ponían la palabra "pura" en grandes letras en sus anuncios, incluso utilizaban dobles páginas para hacerlas bien visibles. Este concepto impresionaba tanto a la gente como el agua a un pato, es decir, nada. Lo que verdaderamente impresionó a Hopkins fue el proceso para conseguir la pureza, por eso tras visitar la fábrica y volver a las oficinas preguntó:

"*—¿Por qué no le dicen a la gente todas estas cosas?, ¿por qué simplemente se limitan a proclamar, como los otros, que su cerveza es pura?, ¿por qué no dicen las razones de esa pureza?*

—Porque –me dijeron– el proceso que utilizamos es igual que el de los demás. No se puede hacer buena cerveza sin ese proceso.

—Pero –repliqué– los demás nunca han contado esta historia, y sorprende a cualquiera que venga a su fábrica. Por tanto debemos sorprenderlos, también, escribiéndolo".

"Así -cuenta Hopkins- escribí sobre esos recipientes de cristal que había visto y algunos otros factores que influían en la pureza de la cerveza. Conté una historia común a todos los buenos cerveceros, pero que nadie había contado. Le di un significado a la pureza. Schlitz saltó del quinto al primer lugar en pocos meses" (11).

Esta miopía común por ver todo demasiado cerca es muy frecuente en muchos productos y en muchos anunciantes, pero el redactor publicitario no puede caer en la misma trampa. Es más, es una magnífica oportunidad de mostrar su talento viendo donde los demás no ven y escribiéndolo después. Como advierte Hopkins, el fabricante está demasiado cerca del producto, ve sus métodos como algo vulgar, no se da cuenta de que el mundo se puede maravillar con esos métodos, y los hechos que ellos ven como comunes pueden crear una gran diferencia para la gente.

La búsqueda de esta diferencia es consustancial al redactor publicitario, pero a veces no hay un motivador clave o los motivadores claves son utilizados por la competencia. En este caso la combinación de un motivador principal con uno secundario puede generar una publicidad de éxito. Sin embargo, puede suceder que no haya ningún motivador principal y tampoco secundario, algo usual por ejemplo en muchos cigarrillos y perfumes. En este caso el único camino real es conseguir que la audiencia se identifique con la marca a través de la publicidad. Así, el beneficio puede tener una lectura del tipo "este producto es para personas como yo", "esto es para mí" o "yo también soy así".

Lo cierto es que, a pesar de todo, no hay una garantía absoluta de conseguir una publicidad que transmita mensajes con total éxito, pero es la mejor manera de saber dónde queremos ir para luego plantearnos cómo llegar. Por eso conviene dar algunos pasos y seguir una metodología que puede ser de gran ayuda para redactar anuncios de éxito:

- *Revisar la publicidad pasada, la propia y la de la competencia.*
- *Ver si hay algún beneficio y, si lo hay, preguntarnos si es el adecuado.*
- *Hacer tablas de información para buscar ventajas competitivas que el mercado esté esperando.*
- *Seleccionar el mensaje correcto.*

- *Escribir el mensaje, revisarlo y reescribirlo hasta que sea corto, claro y firme.*
- *Volver al plan original de comunicación y determinar qué otros mensajes deberían ser transmitidos y cómo.*

El proceso de preparación puede ser tan largo como el tiempo y el talento lo permitan pero, antes o después, el redactor publicitario se tiene que sentar a escribir el cuerpo de texto, es decir, la parte del anuncio donde se argumenta y se produce la venta. No hay normas fijas ni duraderas que puedan aplicarse a cada texto. El redactor cuenta con la información del producto, la investigación, el *briefing*, la lógica, la experiencia, el sentido común y algunas técnicas, pero a la hora de la verdad ha de crear el mensaje adecuado, para el producto adecuado, en el momento adecuado.

2. ¿TEXTOS CORTOS O TEXTOS LARGOS?

Otra de las grandes cuestiones que se plantea todo redactor publicitario es: ¿textos cortos o textos largos? El primer trabajo del redactor es obtener el máximo de información, lo que le conduce irrevocablemente a encontrar su mesa de trabajo llena de dossiers, entrevistas, anotaciones, observaciones y anuncios pasados del propio producto y de la competencia. Quizá tenga suficiente información para escribir un libro, pero no tiene que escribir un libro: tiene que escribir un anuncio. El trabajo de selección del redactor publicitario ya es una prueba de su talento, puesto que se encuentra ante la difícil fase de saber qué decir, de identificar qué es interesante para el lector, es decir, qué le puede inducir a la compra.

Así pues, ante tal avalancha de información y ante la necesidad de explicar al consumidor las ventajas del producto, surge la primera pregunta: ¿cómo de largo debe ser el texto de un anuncio? Las respuestas apelan al sentido común y la mayoría de autores y estudiosos coinciden. Así, Crompton opina que "no hay normas. Un argumento es corto si termina sin decir las cosas correctas para hacer la venta. Un argumento es largo si repite, se hace aburrido, o usa dos palabras cuando basta con una" (12). Lo cierto es que debe ser lo necesariamente largo para cumplir el propósito del anuncio, ni corto, ni largo. Lo que significa que puede variar desde las 0 palabras hasta las 800 ó 1.000. Erika Klein se plantea al respecto una pregunta que ella misma responde: "¿Cómo decides si escribir un anuncio corto o largo? Depende del producto y de las cosas que hay que decir de él". No es menos interesante y llena de juicio la opinión del redactor publicitario Chris O'Shea, de la agencia Collet Dickenson Pearce, cuando dice: "Me encanta el *copy* largo. Mantener la atención de alguien durante tres minutos es más excitante que pavonear en seis puntos de venta durante treinta segundos. Esto me permite construir paso a paso un argumento bien razonado que conduzca al lector a la inexcusable conclusión de que el producto del que le estoy hablando es mejor que cualquier otro. No obstante, si lo dicho es demasiado largo para lo que mi director de arte tiene en mente, lo corto. Pero si el primer texto que escribo es demasiado corto, tampoco añado nada, el relleno siempre se nota (sólo persuado a mi director de arte para que escoja un tipo de letra más grande)" (13).

Así pues, ¿textos largos o textos cortos? Ante semejante problema el redactor publicitario tiene en buena parte la respuesta si se centra en el lector, oyente o espectador del anuncio, porque él es quien, con toda esta información, tiene la verdadera clave a la pregunta de cuál debe ser la longitud del texto. Clave que podría resumirse así: el cuerpo de texto tiene que contener suficiente información para convencer al mayor número de personas para que su siguiente paso sea el de la compra. Si no estamos seguros de cuánta información debemos incluir en el anuncio es mejor pasarse que no llegar.

A la luz de las opiniones de destacados autores y redactores publicitarios podemos concluir que la cuestión verdadera no es cómo de largo o de corto debe ser el cuerpo de texto, ni cuántas palabras debe escribir el redactor publicitario, sino cuánta información debe incluir el cuerpo de texto para lograr su objetivo.

En este sentido la longitud del cuerpo de texto puede venir determinada por tres factores: el producto, la audiencia y el propósito del texto. Factores todos ellos que requieren cuanto menos una breve reflexión.

Factor producto. El redactor publicitario debe hacerse una serie de preguntas sobre el producto: ¿hay muchas cosas que decir sobre él?, ¿ayudarán esos hechos a convencer al lector para que lo compre? Lo cierto es que hay categorías de productos que tienen unas numerosas características e interesantes beneficios que son de gran ayuda y pueden ser incluidos en el cuerpo de texto. Es el caso de los ordenadores, los aparatos de música, los coches, las pólizas de seguros, los electrodomésticos, etc. Sin embargo, hay otras categorías de productos que no tienen apenas características o beneficios concretos y no hay mucho que decir de ellos. Es el caso de los refrescos, comida rápida, ropa de diseño, cerveza, vino, detergentes, comida de animales, agua, algunos tipos de medicamentos, etc. Por lo tanto la longitud del cuerpo de texto depende del producto y de lo que se pueda decir de él.

Factor audiencia. La longitud del texto depende también de la audiencia. Algunos consumidores no necesitan mucha información y no están acostumbrados a leer textos largos. Otros solicitan todos los hechos que puedan obtener y están muy interesados en todos aquellos datos que de una manera u otra les aportan información. Lo cierto es que la audiencia es cada vez más selectiva, tiene un poder económico mayor, un nivel de formación más alto y es más independiente, a la vez que más exigente. El factor audiencia puede por sí solo indicar muchas veces qué es lo que hay que decir del producto, cómo y con qué cantidad de palabras hay que decirlo.

Factor propósito del texto. El tercer factor determinante de la longitud del texto es, sin duda, el propósito del mismo. Si se pretende que el cuerpo de texto genere una ventaja clara que comporte ventas no hay necesidad de entrar en detalles secundarios, ya habrá ocasión al proporcionar más información sobre cómo se obtiene la ventaja. Sin embargo, un anuncio que pide una acción por correo debe dar todos los hechos que el lector necesite para tomar la decisión de compra y para pedir el producto.

Llegado este punto, y en base a cualquiera de los tres factores de decisión a los que nos acabamos de referir, el redactor publicitario deberá dar la máxima información en el menor número posible de párrafos, para lo que dispone de una serie de técnicas que le ayudan a condensar la información:

- *Escribir los párrafos lo más cortos posibles.*
- *Terminar con una propuesta, lo que permite dar un tono conversacional.*
- *Utilizar frases fragmentadas, ya que ayudan a recortar la longitud de las frases a la vez que añaden dramatismo y ritmo al texto.*

- *Empezar las frases con nexos: hacen fácil la transición de una idea a otra, a la vez que sustituyen frases o expresiones enteras.*
- *Utilizar párrafos de una sola frase.*
- *Los párrafos compuestos por una sucesión de frases hacen que la atención decaiga y que el lector se aburra. "Un párrafo de una frase es como una curva en el camino. Despierta al lector para que ponga su atención en la carretera"* (14), dice Robert Bly.
- *Usar signos de puntuación, interrogantes, guiones, comas, puntos, números, letras, listar puntos clave... Sirven para dividir el texto en partes más pequeñas y más fáciles de leer.*
- *Usar técnicas mecanográficas (subrayado, mayúsculas, negrita, itálica, color, texto a mano al margen, recuadros, etc.) para enfatizar la información que interesa.*

Es decir, se trata de poner el texto lo más fácil posible para los ojos y para el cerebro. Hay que tener en cuenta que sólo algunos consumidores son potenciales consumidores cualificados, sólo algunos son el verdadero público objetivo, lo que significa que hay que tener la habilidad de saber huir de la gente que sólo tiene curiosidad pero que no son posibles compradores reales. Por eso, otra función del cuerpo de texto es seleccionar sólo a los posibles compradores serios y dejar de lado al resto.

La norma a seguir es obviamente sólo una guía estimativa. La longitud del texto y el número de puntos de venta que debe incluir es algo que el redactor publicitario debe decidir, y dependerá de cada producto y del objetivo propuesto. De cualquier forma es preferible dar información en exceso que quedarse escaso. Según algunas investigaciones "hay varios estudios que confirman que los anuncios con un texto largo venden más que los cortos. Uno de los estudios midió el *success ratio* de sus anuncios en contraste con el número de hechos que cada anuncio contenía. Los resultados mostraron que cuantos más hechos se incluyen más éxito tiene el anuncio. El mismo estudio revela que cuando algún anunciante omitía alguna información esencial en un anuncio la respuesta se reducía instantáneamente" (15).

Todo apunta a que el redactor publicitario no debe tener miedo de escribir textos largos y debe incluir tantos hechos como considere necesario, si bien la cantidad de información que un consumidor necesita para tomar una decisión de compra varía de un producto a otro. Generalmente cuanto más caro sea el producto o el servicio más información y detalles necesita el consumidor, porque las compras caras son compras más planificadas. Semejante afirmación entra dentro de los cánones del más puro sentido común, pero acto seguido habría que añadir que ni siquiera esto es cierto, pues el mismo concepto de caro es subjetivo, ya que es relativo a los gustos, intereses o aficiones del propio consumidor, que quizá esté dispuesto a hacer grandes sacrificios para conseguir un producto caro que le interesa o le satisface una importante necesidad, mientras que para otro consumidor de similares características psicográficas quedaría descartado.

3. CÓMO ESCRIBIR UN CUERPO DE TEXTO EFICAZ

Una vez que el redactor publicitario ha afrontado el trabajo previo de conseguir información, ordenarla, analizarla y descubrir qué tiene que decir y a quién, viene el momento de la verdad: escribir. Momento que viene acompañado de otra gran pregunta: ¿por dónde comenzar a escribir? Una pregunta obligada y necesaria cuya acertada respuesta facilita la redacción de un anuncio en general y del cuerpo de texto en particular. De hecho no hay nada peor que una hoja de papel en blanco sin saber por dónde empezar.

Cada redactor publicitario tiene una técnica propia para comenzar a escribir, pero parece que algunas técnicas ofrecen ciertas garantías de éxito. Para Fred Hahn, autor de "*Do-It-Yourself Advertising*", los anuncios suelen tener cuatro elementos:

- *El titular.*
- *El cuerpo de texto.*
- *La oferta (que forma parte del cuerpo de texto, pero se piensa por separado).*
- *El logotipo o firma que identifica al anunciante.*

Fred Hahn lo explica así: "mi forma personal de trabajar es empezar por la oferta, ir al cuerpo de texto y terminar con el titular. La oferta me fuerza a comprender exactamente lo que estoy intentando vender y lo que el comprador obtiene a cambio" (16). Esta técnica para empezar a escribir se basa, antes de nada, en identificar la oferta o la promesa que interesa al consumidor, es decir, el beneficio concreto a ofrecer al potencial comprador, y es ahí donde probablemente nace un buen anuncio, porque comienza por identificar lo que el anuncio tiene que ofrecer para, una vez identificado, seguir el proceso de redacción con la sólida base de un beneficio real para el consumidor.

Es obligado, por lo tanto, saber cuál ha de ser el beneficio a comunicar en el cuerpo de texto; por eso al desarrollar tal beneficio lo que estamos haciendo es crear una emotividad, centrándonos en sensaciones básicas: la vida, el amor, la comodidad, la autorrealización, el disfrute de los sentidos, etc. Es decir, estamos dando razones para ser elegidos.

Qué dirección seguir

Messner propone a este respecto hacerse algunas preguntas que clasifica bajo los epígrafes de "la dirección ideal" y de "el camino a seguir". Sobre "la dirección ideal" cabe cuestionarse qué vía será la más efectiva para producir la reacción deseada del público objetivo, qué ventajas tiene el producto o qué apelación se le puede atribuir que afecte con más fuerza a dicho público. Respecto al "camino a seguir" Messner propone distintas opciones teniendo en cuenta algunas variables o incluso condicionantes:

- *La dirección hacia el producto, del que se puede decir algo realmente interesante y novedoso.*
- *La elección del medio publicitario, que determina el estilo del texto.*
- *El tamaño y frecuencia de las inserciones también pueden afectar al texto.*
- *La selección de la apelación más efectiva, entendiendo por apelación un argumento dirigido a algún deseo humano que el redactor excita o estimula.*
- *La apelación basada en los instintos humanos (preservación de la especie, sexo, prosperidad y búsqueda del placer). Es importante que el redactor publicitario conozca los apetitos, instintos o móviles que puede despertar el producto: novedad, orgullo, tranquilidad, progreso social, alabanza y admiración, popularidad, descanso, ocio, belleza, estilo, confianza en sí mismo, salud, dinero, ahorro, etc.*

Conocidas e identificadas las necesidades que satisface el producto hay que acertar en la elección y en la mejor técnica. Darlas a conocer al consumidor se convierte en un trabajo sumamente importante para el redactor publicitario, que ha de saber en todo momento qué tiene que decir primero y qué tiene que decir después, lo que implica un cierto temor natural. El miedo al papel en blanco parece ser un mal común, si bien existen algunas técnicas para defenderse de este síndrome, técnicas que pueden ser un instrumento eficaz para empezar a escribir:

- *Seleccionar los beneficios individualmente y ponerlos por orden de importancia para la persona a la que se vende el producto.*
- *Examinar el boceto del anuncio y ver cuánto espacio hay para el cuerpo de texto.*
- *Escribir el cuerpo de texto dentro de las limitaciones de espacio, contar incluso el número de espacios por línea y actuar en consecuencia.*
- *Destacar cada beneficio teniendo en cuenta esta restricción física.*
- *Separar los diferentes beneficios mediante el uso de subtítulos dentro del cuerpo de texto. El beneficio clave puede ir en un párrafo normal o puede convertirse en la continuación del titular.*
- *Escribir el texto en función del espacio disponible y de los detalles de la oferta.*

De cualquier manera y, sea como sea, el objetivo es hacerlo fácil de entender e imposible de resistir. El trabajo del redactor publicitario es captar la atención de la audiencia; pero, sobre todo, una vez captada tiene que cautivarla, dar soluciones a problemas de su vida diaria y hacerlo con palabras simples, fáciles de entender, frases cortas, frases ligeras, que comuniquen el mensaje con rapidez y eficacia. Las palabras bellas, las frases largas, descriptivas y grandilocuentes están muy lejos del tipo de textos que debe escribir el redactor publicitario.

Fases de la redacción publicitaria

El redactor publicitario tiene una gran responsabilidad, pues se espera que sus textos vendan y, por lo tanto, no ha de escatimar esfuerzos. Ante esta manera de pensar y de escribir, Kit Sadgrove propone un método para acertar en la misión de escribir publicidad que consiga el objetivo de vender:

- *Primero, identificar al consumidor, averiguar cómo es.*
- *Segundo, decidir el estilo y el contenido del texto.*
- *Tercero, empezar a escribir* (17).

En la primera tarea, la de identificar al consumidor, el redactor publicitario parte de una serie de preguntas que se hace a sí mismo y cuyas respuestas necesariamente aportan luz sobre la identidad del lector, espectador u oyente. Preguntas que se pueden clasificar en tres grupos:

- ***Reader checklist.*** ¿Para quién estoy escribiendo?, ¿qué saben los consumidores de la compañía y del producto?, ¿cómo están de interesados en el producto?, ¿qué nivel de educación tienen los consumidores?, ¿qué quieren conocer?, ¿por qué están leyendo esta publicación?, ¿qué grado de detalle necesitan y cuál es la situación?, ¿qué temores y preocupaciones tienen?, ¿qué beneficios les estoy ofreciendo?, ¿por qué deben comprar mi producto y no el de la competencia?, ¿qué tendrá el cliente en su mente cuando lea el mensaje?, ¿dónde leerá el mensaje (en la oficina, en casa, en el tren)? Este cuestionario aporta necesariamente *la fotografía del consumidor,* una imagen clara de la persona a la que nos dirigimos, a la vez que aporta gran cantidad de información sobre el tipo de texto que hay que escribir. Digamos que personas diferentes necesitan textos diferentes. Por eso, esta primera fase de identificación, de saber qué clase de persona es el lector, es un paso obligado e imprescindible que el redactor publicitario debe realizar antes de empezar a escribir.

– ***Writing checklist.*** Esta segunda fase, la del *writing check list* o lista de comprobación para escribir, busca cómo tiene que ser el texto. El proceso es idéntico: preguntarse a sí mismo sobre el estilo y el contenido del texto a escribir. De ahí la necesidad de plantear cuestiones tales como: ¿cuál es el punto más importante a comunicar?, ¿qué otros puntos hay que considerar?, ¿de qué forma se ha de comunicar: prensa, marketing directo, folletos, catálogos, displays, exterior, etc.?, ¿qué detalles hay que tener en cuenta?, ¿cuándo debe aparecer el texto en el proceso de venta?, ¿es ésta la primera comunicación?, ¿o es la respuesta a un anuncio anterior?, ¿se dispone de toda la información que se necesita?, ¿qué tiene que lograr el texto?, ¿tiene que cambiar opiniones o conseguir una venta?, ¿cómo tiene que conducir el texto al lector hacia el paso siguiente (mediante un cupón, mediante una llamada 900)?, etc.

– **Empezar a escribir.** Finalmente escribir todos los puntos que vengan a la mente, sin preocuparse del orden ni de su importancia. Empezar con algo fácil.

Dividir el trabajo en partes pequeñas y manejables. Hacer una lista de los pensamientos que se van teniendo a base de puntos. Apuntar ideas para posibles titulares sin detenerse en el primero sino escribir tantos como se pueda. Dejar de un lado la gramática y la correcta construcción de las frases para el final. Luego reemplazar los puntos por frases ordenadas, de manera que los más importantes estén al principio. Leerlo en voz alta y corregir las frases que no suenen bien. Mostrar el trabajo a alguien con criterio y ser receptivo a las críticas. Y, al final de todo el proceso, hacer un concienzudo repaso y corregir los errores.

Palabras, frases y párrafos

Abundando en la reflexión en torno a la manera de escribir textos eficaces Robert Bly hace una interesante aportación al establecer nueve criterios que un anuncio debe satisfacer para tener éxito como instrumento de venta (18):

1. El titular contiene, para el consumidor, un beneficio o noticias, o promete una recompensa por leer el texto.

2. La imagen ilustra el beneficio establecido en el titular, en el caso de que sea necesaria una imagen. Cierto que la imagen acompaña el texto, pero son las palabras las que argumentan la venta.

3. El párrafo principal del cuerpo de texto es una prolongación del titular, es la argumentación completa del beneficio.

4. El *layout* introduce al lector en el anuncio y le invita a leer el cuerpo de texto. La clave para tener un anuncio que se lea es un *layout* claro y atractivo. El *layout* debe captar el

ojo del lector y moverlo de manera lógica del titular a la imagen, luego al cuerpo de texto, finalmente hacia el logotipo, y el teléfono o dirección, si lo hay.

5. El cuerpo del texto abarca todos los puntos de venta importantes en un orden lógico. Un anuncio efectivo cuenta una historia interesante sobre el producto y, como en una novela o una historia corta, el texto debe estar organizado de forma lógica, con un inicio o planteamiento interesante, una argumentación o nudo central y un desenlace final. Si el anuncio describe un producto y sus beneficios probablemente lo mejor es organizar los puntos de venta por orden de importancia, poniendo el punto más importante en el titular y llevando al lector de los beneficios principales a los secundarios a través del cuerpo del texto. Si los puntos de venta no se exponen de esta forma se puede utilizar un formato de lista en el que el redactor publicitario simplemente enumere los puntos de venta.

6. El cuerpo de texto proporciona la cantidad de información necesaria para convencer al mayor número posible de potenciales consumidores cualificados para que den el siguiente paso en el proceso de compra. Para lograrlo conviene recordar que el número de puntos de venta a incluir en el texto depende del producto que se está vendiendo, a quién va dirigido y cuál es el siguiente paso hacia la compra.

7. El cuerpo de texto tiene que ser interesante de leer. "No puedes aburrir a la gente con la compra de tu producto" –dice David Ogilvy. La gente sólo lee un anuncio si le interesa. No leerá un texto que sea aburrido, ya sea en contenido o en estilo. Y el redactor publicitario, como escritor y como lector, tiene que saber cuándo un texto es interesante de leer y cuándo es aburrido. El estilo debe ser ligero, enérgico y vigoroso. Debe tener ritmo y claridad. Pero un gran estilo no salva un anuncio sin sustancia. El cuerpo de texto

debe apelar al interés del lector. Debe contener beneficios o noticias o debe solucionar un problema del lector.

8. El texto ha de ser creíble. El redactor publicitario ha de perseguir la credibilidad, puesto que su objetivo es vender, no distraer. La forma de ser creíble es ser honesto y respetuoso con la gente a la que uno se dirige. Ciertamente la tarea del redactor publicitario no es fácil, porque no sólo ha de atraer la atención, explicar el producto y ser persuasivo, sino que además debe vencer la desconfianza del lector y hacer que crea en el producto. Indudablemente las técnicas ayudan, pero la clave para ser creíble es decir la verdad.

9. El anuncio incita a la acción. La misión del cuerpo de texto de un anuncio es incitar a la acción, es decir, que el lector dé el siguiente paso en el proceso de compra, ya sea enviando un cupón, llamando a un teléfono, yendo a una tienda, probando una muestra, viendo una demostración o simplemente creyendo el mensaje del anunciante. Barry Kingston, Merchandising Director de Opportunity Magazine y experimentado estudioso de la eficacia de la comunicación, da algunas pautas para obtener la mejor respuesta de un anuncio: utilizar una dirección con calle, número y teléfono en lugar de un apartado de correos, así da la impresión de que la firma está sólidamente establecida. Si la mayoría de los lectores son claramente público objetivo lo mejor es utilizar un número de teléfono gratuito para incrementar la respuesta.

Claridad: lo que "se debe hacer" y lo que "no se debe hacer"

La mayoría de autores y redactores coinciden en establecer dos vías para conseguir la máxima claridad: la vía de lo que "se debe hacer" y la vía de lo que "no se debe hacer". Dentro de lo que *"se debe hacer"* Sadgrove propone diez caminos para mejorar la claridad de los textos (19):

1. *Poner las palabras importantes al final de la frase para dar mayor énfasis. De esta forma la frase va cogiendo fuerza conforme avanza. Es como el final de una ola, el momento álgido.*
2. *Utilizar subtítulos dentro del cuerpo de texto; evitar textos largos y aburridos y romper el texto con subtítulos que informan y advierten al lector de lo que viene después.*
3. *Numerar los puntos. Si el lector ve que tiene que absorber seis, ocho o diez puntos de un texto los leerá más fácilmente porque visualmente ya lo ha aceptado. Es la técnica del divide y te leerán. Además, ayuda al redactor publicitario a escribir más fácilmente.*
4. *Resumir todos los beneficios al final del texto o en el cupón respuesta. Es como decirle a un amigo al final de una conversación: "Lo que quiero decirte es que...".*
5. *Escribir las frases desde el punto de vista del consumidor, porque asegurarse de que se centran en las necesidades e intereses del consumidor supone una garantía de ser leído.*
6. *No comenzar frases con "y". Presuponen haber leído lo anterior y no necesariamente es así.*
7. *El redactor publicitario tiene que mostrar que está seguro del producto, no debe poner todavía más dudas en la mente de los consumidores.*
8. *Contar hechos. Vale más un "hecho" que mil "generalidades".*
9. *Hacer que los textos pasen el "overnight test", es decir, escribir un texto y leerlo al día siguiente, ya que es la mejor manera de ver toda clase de errores.*

10. *Hacer que alguien más lea el texto, alguien que no hiera los sentimientos y cuya opinión infunda respeto. Hacerle preguntas como ¿es simple de leer?, ¿están claros los puntos?, ¿es interesante?*

De la misma manera, y siguiendo ahora la vía de lo que "*no se debe hacer*", Kit Sadgrove recomienda evitar diez errores que reducen la claridad:

1. *No escribir letras mayúsculas.*
2. *No utilizar palabras extranjeras.*
3. *No utilizar citas, a menos que sean cortas y claras.*
4. *No poner demasiadas cosas en una sola frase. Es mejor partir la frase cuantas veces sea necesario.*
5. *No repetirse.*
6. *No exagerar. Evitar los superlativos y las exclamaciones.*
7. *Evitar frases de relleno o frases sin información. Cada frase ha de tener un final firme y concluyente.*
8. *No afirmar lo obvio.*
9. *No escribir en negativo. Las frases negativas descorazonan al lector, mientras que las frases positivas le apoyan y le animan predisponiéndole a favor.*
10. *Evitar enumeraciones largas. Ninguna frase debe tener más de cuatro items* (20).

Otros peligros del cuerpo de texto

Otros autores como Bovée & Arens manifiestan también su preocupación por la eficacia de los textos publicitarios. Así, observan numerosas amenazas que pueden convertir una buena idea en un mal anuncio debido a lo que ellos llaman "peligros comunes del *copy*". Su filosofía y su actitud podría quedar resumida en este pensamiento: hoy en día los consumidores son inteligentes, educados y por eso discriminan. El estilo del *copy* debe ser un reflejo de los gustos y valores de los consumidores. Las generalizaciones ya no convencen.

Para Bovée & Arens estos peligros comunes del *copy*, que coinciden en buena parte con los propuestos por otros autores, son:

- *La confusión. Cuanto más comprensible sea el anuncio más agradable será de leer.*
- *La concisión. El texto debe ser completo, pero conciso.*
- *Los superlativos y las exageraciones o frases hechas que fueron alguna vez excitantes, pero cuyo valor ha disminuido con el tiempo.*
- *La abstracción y la vaguedad, porque el mejor texto es aquél que es concreto y se pone al nivel de la experiencia de la audiencia.*
- *El "Yo-Yo-Yo" del anunciante. El anuncio tiene que atraer el interés del lector y no el del anunciante.*
- *El escribir en negativo es otro punto en el que coinciden todos los autores. Si el redactor publicitario piensa y escribe de forma negativa puede producir una respuesta negativa.*
- *No hay que olvidar que las palabras tienen connotaciones propias aparte de su significado literal.*
- *Los eufemismos pueden ser engañosos y pueden debilitar el mensaje.*
- *La difamación, pues los textos publicitarios son vigilados por las leyes de la publicidad de cada país, en mayor o menor medida.*

- *Difamar o hablar mal de la competencia o de un enemigo comercial en una campaña publicitaria no es normalmente el mejor camino para comunicar. Conviene evitar esta tentación.*

Para acabar este punto, y a modo de reflexión final, es recomendable que al acabar un texto el redactor publicitario se haga a sí mismo una serie de preguntas que pueden contribuir a evaluar la calidad del anuncio. Las palabras son importantes, pero sólo si verdaderamente producen una acción. Las palabras cuya retórica no conducen a la acción llevan necesariamente al desencanto. Son muchos los redactores publicitarios que buscan algún tipo de acción, pero muy pocos los que, de una manera más o menos sistemática, lo consiguen. Hay quien incluso va todavía más allá como Charles Saatchi, presidente y director creativo de New Saatchi Agency, cuando dice que "cada anuncio es una oportunidad, cada palabra que escribas ahora estará contigo para siempre. Encuentra el tono adecuado y duro con él. No escribas como si fuera una serie de hechos, encuentra una actitud" (21).

Poesía y publicidad

Una vez que el cuerpo de texto está escrito hay que leerlo lenta y cuidadosamente, poniendo sumo cuidado en cada línea, en cada detalle, como si se tratara de poesía. No en vano, como dice Hayakawa, "la poesía y la publicidad son igualmente creadoras las dos" (22). Adrian Holmes, prestigioso redactor publicitario de la agencia londinense Lowe, va incluso más allá al aconsejar una de las técnicas que él practica: "Lee poesía ¿por qué no? De hecho, creo que el mejor *copywriting* es una forma de poesía. Así que estudia sus técnicas, mira cómo usan el lenguaje, el ritmo y la imaginación para conseguir sus efectos" (23). Es cierto, los textos publicitarios tienen ritmo, no es un ritmo monótono, ni es un ritmo grandilocuente. Es como el ritmo de un arroyo, toda el agua va en la misma dirección y con la misma velocidad pero con ligeros y sutiles cambios. Por eso, una buena medida es leerlo en voz alta una y otra vez hasta que, como si fuera un poema, suene bien.

Para conseguirlo es especialmente importante tener en cuenta la longitud de los párrafos. En la sociedad moderna todo sucede deprisa y la capacidad de concentración del lector ha disminuido. Por eso dividir los párrafos largos en frases más cortas es una medida necesaria para ganar rapidez, comprensión y claridad.

Para saber con exactitud el número de palabras por párrafo y, en consecuencia, el grado de claridad, hay una sencilla técnica propuesta por Kit Sadgrove a la que llama *clarity chart,* que consiste en aplicar una tabla que contempla el número de palabras por frase, el número de sílabas por palabra y un índice de legibilidad, tal como sigue (24):

Palabras por frase	Sílabas por 100 palabras	Legibilidad
1-3	100-150	Muy fácil
4-10	150-190	Fácil
11-16	190-200	Moderado
17-25	200-215	Moderado
26-35	215-230	Difícil
36+	230-250	Muy Difícil

- *Contar el número total de palabras del texto. Dividirlo por el número de frases. Esta operación da como resultado el número de palabras por frases (columna 1).*
- *Contar el número de sílabas de las 100 primeras palabras (columna 2).*
- *Unir los dos puntos anteriores y ver dónde quedan comparándolos con los de la tabla de legibilidad (columna 3).*

Además del *clarity chart* hay algunas otras técnicas o fórmulas muy útiles que veremos a continuación.

Longitud de las frases. Tener en cuenta la longitud de las frases es una técnica válida, si bien siempre está en función del medio para el que se escribe. Algunas recomendaciones:

- *Máximo 10 palabras por frase para anuncios de prensa.*
- *Máximo 15 palabras por frase para marketing directo y folletos.*
- *Nunca más de 25 palabras porque es difícil de leer. No obstante, si pasa de 25 que sea fácil, muy fácil de leer.*

Frases cortas. Otra técnica para ganar claridad consiste en hacer frases cortas, y si un producto necesita largas explicaciones se puede optar por alguna de las siguientes técnicas: recortar las frases largas aislando puntos diferentes, dividir las frases largas en dos, alternar frases cortas con largas para evitar que los textos sean tediosos... Las frases cortas son ideales para anuncios que han de ser leídos en 20 segundos, pero los folletos, por ejemplo, necesitan explicaciones más largas. Es aquí donde puede ser especialmente útil aplicar técnicas como utilizar frases cortas, dividir frases largas en dos o alternar frases cortas y largas.

Palabras abstractas. Evitar palabras abstractas es también una técnica muy útil para el redactor publicitario. Si hay algo literalmente reñido con la publicidad es, sin duda, las palabras abstractas. Es lo más lejano al beneficio concreto perseguido siempre por la buena publicidad. Las palabras abstractas ayudan al escritor a sentirse importante, pero reducen la comprensión del lector. Hay que tener en cuenta que este tipo de palabras abstractas suenan huecas, falsas, no comprometidas y además suelen tener alguna sílaba de más y algunas letras que confunden al lector. Por eso, si al escribir un texto publicitario hay alguna palabra abstracta, el hecho de cambiarla por un verbo o un nombre concreto es una excelente medida para ganar claridad y convicción. Elegir entre "remuneración" y "pago", entre "confidencialidad" y "secreto" o entre "metodología" y "método" es mucho más que cambiar una palabra abstracta por una concreta: es llegar al lector por el camino más corto.

Palabras largas. Evitar palabras largas es otra manera de ganar claridad, pues son más difíciles de leer y reducen el número de consumidores que entienden su significado. Así, es mucho mejor decir "grande" que "considerable", es mejor "uso" que "utilización", es mejor "mapa" que "esquema". Las palabras cortas llegan a más lectores, facilitan la comprensión y provocan más interés.

En publicidad hay palabras poderosas, palabras muy directas que implican necesariamente al consumidor. Así, las palabras "tú" o "usted" apelan directamente al lector, oyente o televidente; es casi como llamarle por su nombre. Otra palabra poderosa es "gratis", máxime cuando en la sociedad de consumo todo tiene un precio. La palabra "gratis" elimina todos los frenos posibles y multiplica las motivaciones al máximo. Es la palabra que da todo a cambio de nada.

Eufemismos. Los eufemismos son palabras o expresiones que reducen la comprensión, por lo que el redactor publicitario debe evitarlos para ganar claridad. Decir "es caro" es mucho más directo que "requiere un alto poder adquisitivo". "Es importante" es más breve y claro que "juega un papel importante".

Frases hechas y clichés. Son la mejor manera de no decir nada, de decir lo que todos dicen o simplemente de protegerse porque realmente no hay nada que decir. Expresiones como "una de las más grandes compañías", "somos una compañía líder", "sería una gran inversión", "puede ayudarle a perder peso" o "puede ahorrarse dinero" son frases hechas que publicitariamente han muerto, si bien todavía hay redactores y anunciantes que se empeñan en pasear el cadáver por todos los medios de comunicación.

Palabras nuevas. La lengua no es un ente muerto; nacen nuevas palabras a la vez que mueren otras. Utilizar palabras nuevas es un signo de actualidad, de puesta al día, de puesta en escena de las tendencias, pero el redactor publicitario tiene que tener la habilidad de utilizarlas en el producto adecuado, en el momento adecuado y, sobre todo, para el público objetivo adecuado. De lo contrario puede incluso provocar un feedback contrario al deseado, la hilaridad o la desconfianza. No utilizarlas nunca, si no tienen relación con el texto, y utilizarlas si ahorran algunas palabras pueden ser criterios válidos para el redactor.

La compañía. Conviene no olvidar que el sujeto de la comunicación es la compañía. Las personas cambian de trabajo, o incluso irónicamente se pasan a la competencia. Por eso, para ganar credibilidad, es mejor el "singular" que el "plural", es mejor "la compañía" que "nosotros". Por la misma razón, y para evitar confusión, el redactor publicitario debe evitar la convivencia del singular y del plural en el mismo texto.

Mayúsculas. El empleo de mayúsculas quizá es uno de los temas más polémicos en publicidad. Todos los estudios dicen que las mayúsculas dificultan la lectura y, sin embargo, son muchos los anuncios con mayúsculas en el cuerpo de texto. Un criterio acertado es tener en cuenta que las palabras sean importantes para el consumidor, no para el redactor o para el anunciante.

Palabras "especialistas". Muchas palabras que la gramática nos enseña como "nombres", "verbos", "adjetivos", "conjunciones", etc., son en publicidad mucho más que partes gramaticales de la oración. No todas las palabras son iguales, ni despiertan los mismos sentimientos en el consumidor, aunque tengan el mismo status gramatical. Hay palabras especialistas en unir frases de manera positiva y ayudan al lector a entender la argumentación (también, además, entonces, porque). Otras tienen un gran poder de impulsión porque, aunque se repiten hasta el infinito, parecen incombustibles por su alto poder de seducción (nuevo, hoy, rebajas, ahora). Finalmente, también hay palabras y expresiones que tienen la importante misión de hacer la toma de decisión lo más fácil posible (una simple llamada, naturalmente, sólo tiene que mandar, con tan sólo, etc.).

Pero no se trata de hacer aquí una gramática de la publicidad, sino de enumerar simplemente algunas de las infinitas posibilidades de las que dispone el redactor publicitario para escribir textos eficaces. Se trata de poner la gramática al servicio de la retórica. A este respecto, no se debe olvidar que la retórica nació entre los griegos en el siglo V a de C. con una pragmática finalidad: la persuasión en los juicios. Se trata de eso, de persuadir. Para conseguirlo conviene recordar que la gramática escolar no necesariamente se corresponde con la gramática de la publicidad. Es más, a veces incluso se contrapone.

Cómo evaluar la eficacia de los textos

Kit Sadgrove busca la acción mediante la claridad del mensaje a través de su *clarity checklist:* ¿hay una estructura clara?, ¿he usado títulos y subtítulos?, ¿las frases terminan con palabras importantes?, ¿hay palabras abstractas?, ¿he cambiado palabras largas por otras más cortas?, ¿he usado verbos en lugar de nombres?, ¿son concisas las frases?, ¿he evitado los verbos pasivos?, ¿he utilizado párrafos cortos?, ¿hay palabras en mayúsculas sin necesidad?, ¿he explicado las abreviaciones?, ¿hay palabras conejillos de indias (siempre las mismas)?, ¿están las frases bien unidas?, ¿tienen las frases un verbo principal?, ¿hay jerga? y si la hay ¿se comprende?, ¿tiene el texto generalidades, afirmaciones obvias o palabras que hacen lenta la lectura?, ¿está el texto libre de clichés?, ¿es el texto general o específico?, ¿tiene hechos o generalidades?, ¿hay listas?, ¿está todo escrito desde el punto de vista del consumidor?...

Kit Sadgrove no es el único autor que propone un cuestionario de evaluación del texto, que busca la claridad. Robert Bly propone también con su *Editor's Checklist* un método similar para escribir y rescribir el cuerpo de texto con claridad y eficacia: ¿es claro el *copy?* , ¿has utilizado palabras simples?, ¿el párrafo de apertura es breve?, ¿son los párrafos y frases demasiado largos?, ¿puedes dividir el párrafo en diferentes secciones?, ¿los subtítulos venden?, ¿el título es todo lo contundente que puede ser?, ¿la organización del texto tiene sentido?, ¿es coherente?, ¿el texto fluye suavemente?, ¿es conciso el texto?, ¿el anuncio está completo?, ¿es persuasivo?, ¿el texto es creíble?, ¿el lector lo encontrará interesante?, ¿está el anuncio centrado en el posible consumidor?, ¿el texto habla al *prospect* persona-a-persona?, ¿el tono del texto es entusiasta?, ¿puede escribirse con un poco más de talento?

Como podemos observar, y a la luz de los autores que han estudiado el tema en profundidad (Hahn, Bly, Crompton, Bovée & Arens, Klein, Messner, Sadgrove, etc.), las coincidencias son prácticamente unánimes respecto a aquellos elementos que hacen el *copy* más pujante, los peligros comunes del *copy* y los aciertos y errores que aumentan o disminuyen su claridad.

Se trata, en definitiva y para concluir, de hacer del cuerpo de texto una verdadera arma de consolidación de la persuasión y de la venta dirigida a un *prospect* heterogéneo e inteligente con capacidad de decisión propia y selectiva que necesita argumentos convincentes. Para lograrlo el redactor publicitario dispone de una valiosa información previa bien ordenada, de una serie de técnicas probadas y de algunas consideraciones sobre lo que tiene que hacer y lo que no tiene que hacer.

De esta manera el redactor no se encuentra solo ante el papel en blanco o ante la pantalla de su ordenador. No se encuentra nunca solo si sabe combinar la información necesaria con las técnicas adecuadas. Pero la ausencia de soledad a la hora de escribir sólo es un alivio, no la solución al verdadero problema de escribir anuncios creativos para convencer. Y es que, como advierten Eccles & Nohria en *"Más allá de la palabrería* ", "la tarea básica de la gestión –y de escribir para vender– es, si se nos permite decirlo sin empaques, movilizar a la acción mediante la utilización creativa del lenguaje para apelar a la identidad individual y colectiva de las personas" (25). Saberlo hacer o no ya no es sólo cuestión del dominio de las técnicas (que por otra parte son de conocimiento obligado por parte del redactor publicitario), sino de la presencia o de la ausencia del talento. Y el talento se tiene o no se tiene.

NOTAS BIBLIOGRÁFICAS

(1) Jugenheimer, Donald & White, Gordon: *Basic Advertising*. South-Westem Publishing Co., Cincinnati, 1991, p. 103.

(2) Crompton, Alistair: *The craft of copywriting*. Business Books, London, 1991, p. 168.

(3) Bovée, L. & Arens, F.: *Contemporary Advertising*. Irwin, Boston, 1992, pp. 302-303.

(4) Bly, Robert: *The Copywriter's Handbook. A Step-by-Step Guide to Writing Copy that Sells*, p. 109.

(5) Messner, Fredrick R.: *Industrial Advertising. Planning, creating and evaluating*. McGraw- Hill, New York, 1963, p. 123.

(6) Klein, Erika L.: *Write Great Ads*. John Wiley, New York, 1990, p. 61.

(7) O'Toole, John: *The Trouble with Advertising*. Ranolow House, 2nd edición, New York, 1985, p. 149.

(8) Bovée, L. C. & Arens, F. W.: *Contemporary Advertising*. Irwin, Boston, 1992, p. 303.

(9) Brannan, Tom: *The Effective Advertiser.* Butterworth Heinemann, Oxford, 1993, p. 41.

(10) *Ibid.*, p. 41.

(11) Hopkins: *Mi vida en Publicidad*, Eresma, Madrid, 1980, p. 99.

(12) Crompton, Alistair: *The craft of copywriting*. p. 168.

(13) D&AD: *The Copy Book (How 32 of the world~s best advertising writers write their advertising)*. The Designers & Art Director Association, London, 1995, p. 134.

(14) Bly, Robert: *The Copywriter's Handbook. A Step-by-Step Guide to Writing Copy that Sells*. Henry Holt, New York, 1985, p. 52.

(15) Byrne, Andrew J.: "Long Copy Increases Chances of Making Sale", *Direct Marketing.* Citado en Bly, Robert. *The Copywriter's Handbook. A Step-by-Step Guide to Writing Copy that Sells,* p. 77.

(16) Hahn, Fred: *Do-It-Yourself Advertising. How to Produce Great Ads, Brochures, Catalogs, Direct Mail, and Much More.* John Wiley, New York, 1993, p. 13.

(17) Sadgrove, Kit: *Writing to Sell.* Hale, London, 1991, pp. 9-10.

(18) Bly, Robert: *The Copywriter's Handbook. A Step-by-Step Guide to Writing Copy that Sells,* p. 117.

(19) Sadgrove, Kit: *Writing to Sell,* p. 37.

(20) *Ibid.*, p. 35.

(21) D&AD: *The Copy Book (How 32 of the world's best advertising writers write their advertising)*, p. 40.

(22) Hayakawa, S.I.: *El Lenguaje en el pensamiento y en la acción.* Uteha, México, 1967, p. 234.

(23) D&AD: *The Copy Book (How 32 of the world's best advertising writers write their advertising),* p. 84.

(24) Sadgrove, Kit: *Writing to Sell.* p. 13.

(25) Eccles, Robert & Nohria, Nitin: *Más allá de la palabrería,* Apóstrofe, Barcelona, 1995, p. 63.

Capítulo 4

1. CREAR + INNOVAR: EL RETO PERMANENTE DEL SER HUMANO

Puede que creamos que los seres humanos somos muy creativos porque tenemos muchas y muy buenas ideas. Puede. Pero no somos tan innovadores como creemos; sólo en los últimos cien años hemos sido más creativos y sólo en algunos terrenos. De hecho, los griegos lo fueron mucho más, por ejemplo, en política. Tanto, que el político Hipodamos de Mileto propuso una ley para recompensar a quienquiera que inventase algo útil a la patria, nada que ver con el "que inventen ellos" de Unamuno o con los raquíticos presupuestos dedicados por los gobiernos españoles a la investigación, obligando a los investigadores de élite a emigrar a otros países. No somos tan creativos como creemos o, al menos, no lo somos en aspectos fundamentales para la mayoría de los seres humanos que habitamos la tierra, ya que problemas tan antiguos como el hambre, la pobreza, la guerra, la injusticia social, la organización política, la sanidad, la educación, la economía... todavía están sin resolver hoy para la mayoría de la población.

Crear no es Innovar

La creatividad es un proceso, fuera de toda censura, que permite generar ideas ilimitadamente. En este sentido somos creativos porque ciertamente nos llenamos la boca de ideas y de palabras que inundan los medios de comunicación y la bibliografía religiosa, política, filosófica, económica, social, científica, artística, técnica,... y por supuesto el marketing, el diseño, la publicidad, Internet, etc. Pero al hablar de innovación como aplicación eficaz de tales ideas es obvio que somos poco innovadores a la hora de resolver los grandes problemas de la humanidad. La innovación, como aplicación de las ideas, debe servir al propósito de alcanzar los objetivos de personas, empresas, instituciones, comunidades, estados, sociedad... como una globalidad. Y hacerlo de manera eficaz.

No hemos avanzado tanto como creemos. No somos tan innovadores como pensamos a la hora de dar soluciones eficaces a viejos problemas de la humanidad. Hay "aspectos" y "sectores" poco o nada innovadores como la religión, la política, la justicia, la educación... Y los hay muy innovadores como la economía, las empresas, los medios de comunicación (no tanto), el marketing, la publicidad, Internet...

Innovación y medios de comunicación

A los todopoderosos medios de comunicación convencionales les han salido muchos ratones, tantos que con el marketing directo, el comercio electrónico, el mailing personal, el patrocinio y mecenazgo, el buzoneo, los *house organ*, los catálogos y folletos, los *flyers*, los PLV, el marketing telefónico, y un largo etc. (1), han acabado por exclamar desesperadamente ¿Dónde está mi queso? Incluso les han salido varios hijos rebeldes que se han ido de casa y están todos los días por las estaciones de autobuses, trenes, peluquerías, panaderías, pescaderías, mercados... en manos de gente que antes no leía y que ahora... ¡lee! No sé si con tantas pistas es obvio que estamos hablando de los innovadores periódicos gratuitos urbanos "20 minutos", "Metro" o "¿Qué?"... que de paso le están quitado otro trozo más del queso publicitario a los medios convencionales.

Casi todo sigue igual en algunos de los anteriores "aspectos" y "sectores". Pero algo se está moviendo. Algo está cambiando. Millones de personas piden y exigen eficacia por todo el mundo y ahora estos millones de personas tienen herramientas nuevas que pueden contribuir de una manera determinante a ser más eficaces a la hora de resolver los problemas que tenemos.

La democracia tiene que innovar-se

Internet puede ser una de esas herramientas que pueden contribuir a ser más eficaces, es decir, más innovadores. Algunos ejemplos de tristes acontecimientos se han convertido en "experimentos esporádicos" eficaces. El triste ataque terrorista del 11-M de 2004 en España, su repercusión social y política, estimulada extraordinariamente por los medios de comunicación, parece que contribuyó en gran manera nada más ni nada menos que al cambio de un gobierno que ya había cometido el error de conducir al país a una guerra sólo porque hacía cuatro años había ganado unas elecciones por mayoría absoluta. ¿Y si hubiera sido posible votar por Internet la decisión de ir a la guerra? ¿Y si el voto por Internet ya fuera válido? ¿Y si ya estuviera legislado que para ir a una guerra es necesario el 90% de los votos favorables? ¿Y si estuviera legislado que el programa electoral del partido ganador debe cumplirse en unos determinados plazos como si se tratara de un contrato empresarial? ¿Y si se pudiera invalidar el contrato al no cumplir determinados apartados y sacar al gobierno a mitad de su mandato... por el voto de los ciudadanos por el móvil, por Internet desde su casa, desde el lugar de trabajo, desde el ayuntamiento, etc.? ¿Y si...?

Pero la creatividad y la innovación tienen muchos detractores porque es peligrosa para determinados estamentos ciertamente creativos (religión, política, instituciones, etc.) pero muy poco o nada innovadores. Para muchos ciudadanos la innovación es también muy estresante porque implica tener que pensar y que aprender algo nuevo y sólo unos pocos buscan la libertad, la mayoría sólo buscan buenos amos.

¿Innovación y religión?

El ejemplo de las religiones es quizás el más evidente. Las religiones tienen las ideas más creativas y más totalizadoras: dicen lo que hay pensar y lo que no hay que pensar, dicen lo que hay que hacer y lo que no hay que hacer. Así, ante un problema real de los seres humanos tan grave como el SIDA, o el control de la natalidad en el mundo, la Iglesia católica predica como solución la abstención sexual y la fidelidad. Mientras tanto, la empresa privada (laboratorios farmacéuticos), la sociedad y algunas de sus instituciones científicas investigan para dar soluciones reales a problemas reales (preservativos, anticonceptivos, aborto, etc.). Es decir, innovan.

"Los universitarios se alejan de la Iglesia. Mayoritario apoyo de los jóvenes a la eutanasia, el aborto, o las bodas gays", reza un titular del periódico La Vanguardia como resultado de una investigación (2). En otras partes del mundo muy religiosas, dogmáticas y apegadas a la tradición la innovación no se puede ni llegar a imaginar en estos aspectos. En la misma investigación afloran interesantes datos sobre la "confianza en las instituciones" que tienen los universitarios: en lo que más confían es en las universidades y en las ONG y en lo que menos en la Iglesia católica.

Las religiones han tenido casi todo el poder de comunicación a lo largo de la historia, de ahí su éxito. Así la religión católica, en términos de comunicación, ha tenido el mejor anuncio jamás creado (las Tablas de la Ley), una imagen (la cruz), un slogan (Dios es bueno), una promesa (el paraíso), miles de agencias de publicidad (una iglesia en cada pueblo), expertos comunicadores (los sacerdotes) e incluso institutos de investigación de mercados (el confesionario) para conocer a fondo la realidad social y las tendencias. Pero llegaron los medios de comunicación de masas (prensa, exterior, cine, radio, TV, ... ahora Internet) y la Iglesia no ha sabido competir, reaccionar, ni innovar. Las religiones practican una creatividad involutiva ya que han creado grandes conceptos (paraíso, infierno, resurrección, milagros, fiel, infiel, moral...) que se retroalimentan durante cientos y miles de años, pero que no resuelven los problemas reales y básicos de los seres humanos. Están en el campo de la creatividad involutiva, no están en el campo de la creatividad evolutiva, y desde luego son ajenas a la innovación.

Votar por Internet... ¿para cuándo?

La política ha avanzado más, pero no mucho más, y desde luego no se puede decir que esté ahora en el campo de la innovación. La democracia es, de momento, el mejor sistema de organización política que tenemos, pero actualmente está en una fase de letargo e incluso de cansino agotamiento. Necesita una urgente revitalización en la que, mediante las nuevas tecnologías (Internet, firma electrónica, carnet de identidad genético) los ciudadanos voten en decisiones importantes para ellos en lugar de dar carta blanca durante cuatros años para que sus representantes tomen decisiones que afectan a todos.

El combinado "mercado libre + ciencia + tecnología + democracia" tienen que ir más juntos de lo que van para resolver los problemas reales de las personas y actuar con eficacia. Y desde luego la clase política de altura y la de menos altura también tiene que estar mucho más controlada por los ciudadanos, ya que las nuevas tecnologías permitirán votar por Internet, o por móvil, desde cualquier lugar y a muy bajo coste para el ciudadano y para la propia sociedad.

Innovación, universidad y... ¡competitividad!

La educación y la formación de los jóvenes, incluida la universidad, no están mucho mejor en cuanto a innovación y eficacia. En noviembre de 2004 apareció un informe en la prensa en el que cada país salió fotografiado en un ranking con sus fortalezas y debilidades académicas, y España estaba en los últimos lugares (informe PISA de la OCDE (3). Tenemos serios problemas de masificación, de falta de medios, de bajos presupuestos y dotaciones tecnológicas y humanas insuficientes y, por qué no decirlo, de falta de motivación y de actitud tanto de alumnos como de profesores. Entre otras cosas porque todavía estamos en la primera de las tres fases del sabio proverbio:

Explícame algo... y lo olvidaré.
Muéstrame algo... y quizás lo recordaré.
Haz que participe en algo... y lo comprenderé.

Hasta las empresas se quejan de la falta de formación práctica. Así, en una larga lista de las "principales carencias de los titulados" la formación práctica ocupa el primer lugar (86%) y los conocimientos teóricos el último (27%), según una investigación de la Fundación CYD (la Universidad y la Empresa española) aparecida en la prensa (4).

Una idea para mejorar la docencia y la investigación universitaria, para hacerlas más eficaces... ¿Y si las universidades públicas y privadas compitieran en eficacia docente y en investigaciones realistas y útiles como ya se hace en el mundo de la empresa? ¿Y si cada año apareciera publicado y ampliamente difundido un ranking de universidades? No estamos diciendo nada que no se pueda realizar y la prueba es que las escuelas de negocios IESE y ESADE ya lo están haciendo nacional e internacionalmente y se anuncian en la prensa diaria y especializada con anuncios (titular y subtitular) como éste en español y en inglés (5):

> **SI QUIERES SEGUIR ADELANTE**
> **MIRA HACIA ADELANTE**
> Algunas personas son capaces de ver las cosas
> de forma distinta
>
> ESADE Business School
> 3ª EN EL RANKING MUNDIAL
> DE ESCUELAS DE NEGOCIOS
> *THE WALL STREET JOURNAL*

Quizás este ranking de universidades estimularía la motivación, el esfuerzo, la competitividad, la creatividad y la innovación tanto de alumnos como de profesores, ya que no sería lo mismo ir a estudiar o a trabajar a "la universidad" que ir a la Universidad "X" con nombres y apellidos y, lo que es más importante, con un determinado puesto en el ranking de universidades. Sería algo así como una "Liga de Universidades", por hacer un paralelismo con el fútbol.

¿Cuántas ideas se necesitan para lograr una innovación? Según S. Majaro y según las reglas de las estadísticas y promedios se necesitan 600 ideas para lograr una innovación. Pues ya sólo hacen falta 599.

Empresa e innovación

El mundo de la empresa del libre mercado practica desde siempre una creatividad evolutiva y competitiva que busca constantemente nuevos productos y llegar a nuevos mercados, a millones de personas, de manera que todos tengan "poder de adquisición", que es el mayor de los recursos de los seres humanos, para poder tener comida, educación, salud, justicia y dignidad.

El norteamericano McCormick "inventó" a principio del siglo XIX la "venta a plazos". Fabricaba cosechadoras pero los campesinos no podían comprar maquinaria ya inventada sencillamente porque no tenían poder adquisitivo para pagarla en efectivo. De repente, mediante el invento de la venta a plazos tenían poder adquisitivo y su situación económica y condiciones de vida mejoraron sustancialmente además de generar una mayor productividad y eficacia. Y es que la innovación no es sólo tecnológica, es también una nueva capacidad de producir "riqueza" en lo económico, en lo social, en lo político, en lo religioso, en lo cultural... y es que como dice un viejo refrán castellano:

Donde no hay harina
Hay mohína

Y por hacer una contribución poética Wallance Stevens:

Money is a kind of poetry.

El mundo de la empresa persigue "los dineros", los persigue y busca productos y "poder de adquisición" para todos. Egoístamente, pero los persigue. El mundo de la empresa es el más creativo y competitivo, practica la creatividad evolutiva y la innovación porque quiere que todo el mundo tenga de todo y pueda comprar de todo: ¡que es lo que le interesa! Sin embargo en su loco desarrollo crea desigualdad. "No estamos en contra de la economía basada en el mercado, sino de la sociedad basada en el mercado" (6), dice el que fue primer ministro francés Lionel Jospin. No cabe duda de que el mercado libre es tanto una consecuencia como una causa de muchos fenómenos muy negativos para los seres humanos. En esa persecución de los dineros el mercado está utilizando Internet para llegar a casi todas partes y lo está haciendo con bastante eficacia. Las empresas son pioneras en la utilización de esta herramienta de información, de cambio y de intercambio. Millones de personas, como "empresarios individuales" intentan vender de todo por Internet, no hay más que ver el mercadillo-*spam*-diario que recibimos en nuestros ordenadores.

Realmente está pasando algo muy, muy interesante a escala mundial. Por primera vez en la historia de la humanidad existe un arma global que puede estar al servicio de los ciudadanos y de las instituciones: Internet. La interactividad que poco a poco está permitiendo Internet (información, comunicación, compra-venta de productos y servicios, opinión, diálogo) es revolucionaria y puede ser radicalmente innovadora y eficaz para que esta interactividad se extienda a movimientos de miles, millones de ciudadanos en pro de la alimentación, la educación, la sanidad, la justicia... es decir, los problemas más acuciantes de los ciudadanos.

Innovación de todos para todos

Nadie va a "quitar el trabajo" a los innovadores individuales, se trata de que todos seamos motores de innovación y de cambio. Hay ideas e iniciativas interactivas que ya lo están demostrando y que, de seguir así, pueden llegar a influir e incluso cambiar y forzar la evolución de sectores menos creativos y menos innovadores. En Corea hay un periódico *online* (OhMyNews) cuyos periodistas son sus 30.000 lectores-escritores (y con la todopoderosa publicidad ahora también lo imprimen en papel). El conocido publicitario español, muy premiado creativo, y ahora escritor, Joaquín Lorente ha escrito una novela titulada "Ciudadanos de la Tierra.com" en cuya contraportada dice: "¿Quieres que se oiga tu voz? ¿Quieres unirla a la de los otros y pasar a la acción? www.ciudadanosdelatierra.com" (7). Desde luego suena a idealismo pero la diferencia entre lo que puede imaginarse y lo que puede conseguirse jamás ha sido tan pequeña con Internet.

Se trata de que la creatividad y la innovación se conviertan en estrategias locales y globales de los ciudadanos. Ahora con Internet y las nuevas tecnologías los ciudadanos tienen verdadero poder porque pueden presionar para ayudar a resolver los problemas reales de las personas influyendo en la religión, la política, la economía, la empresa, las instituciones... y hacerlo de manera local y global en cada momento, sin esperar a que haya elecciones cada cuatro años. Si los SMS de los móviles hicieron que "espontáneamente" se convocara a millones de ciudadanos tras el 11-M también pueden hacer que con Internet los ciudadanos digan "sí" o "no" a otras muchas cosas.

Se trata por lo tanto de crear (tener ideas), pero sobre todo de innovar (aplicarlas) en todos los aspectos del ser humano. Y ahora el ser humano tiene herramientas muy innovadoras.

NOTAS BIBLIOGRÁFICAS

(1) *Estudio Infoadex de la inversión publicitaria en España 2004*. Infoadex, Madrid, 2005.

(2) La Vanguadia 2.03.2005, p. 31.

(3) El País, 8.12.2005 Sociedad, p. 2.

(4) El País, 4.02.2005, p. 29.

(5) El País, 10.02.2005, p. 30.

(6) Etzioni, A.: *The Third way to a good Society*, Demos, London, 2000, p. 47.

(7) Lorente, J.: *Ciudadanos de la Tierra*, Quarto (Folio), Barcelona, 2004, p. 513.

Bibliografía

ADAMS, Charles F.: *Common sense in Advertising*. McGraw-Hill, New York, 1965.

ALBRIGHT, Jim: *Creating the Advertising Message*. Mayfield Publishing Company, California, 1992.

ALTARRIBA, Miquel: *Del pregó al web. Una síntesi històrica de la redacció creativa en publicitat*. Trípodos, Barcelona, 2003.

ALTARRIBA, Miquel: *Què dir, a qui i per què. Retòrica i redacció publicitària*, Trípodos, Barcelona, 2005.

ÁNGELES, J. de los: *Creatividad publicitaria. Conceptos, estrategias y valoración*. Pamplona: Eunsa, 1991.

ÁLVAREZ, Norberto: *Comunicación Publicitaria*, Editorial de las Ciencias, Buenos Aires, 2002.

APRILE, C. Orlando: *La publicidad puesta al día*. La Crujía Ediciones, Buenos Aires, 2003.

AVERY, Jim y BENDINGER, H.: *Advertising Campaign Planning*. Copy Workshop, 2000.

BAKER, Stephen: *A Systematic Approach to Advertising Creativity*. McGraw-Hill, New York, 1979.

BAKER, Stephen: *The Advertiser's Manual*. Wiley, New York, 1988.

BARRY, A. M.: *El portafolio creativo del publicista*. McGraw-Hill, México, 1992.

BASSAT, Luis: *El libro rojo de la publicidad*. Folio, Barcelona, 2001.

BASSAT, Luis: *El libro rojo de las marcas*. Espasa Calpe, Madrid, 2000.

BAYAN, Richard: *Words That Sell*. Contemporary Books, Chicago, 1984.

BERNBACH, W.: *Bill Bernbach dijo... Recopilación de citas. 50 aniversario de la Fundación de Doyle, Dane, Bernbach*. Barcelona, 1999.

BERNBACH, W.: *Los hechos no bastan*. La lección de Barcelona (28 de septiembre del 1981), *Publitecnia* [Madrid: INP] (1981), núm. 60 ("Fact Are Not Enough". Ponencia la "1980 AAAA Annual Meeting" New York: America Association of Advertising Agencies, 1980).

BILBAO, Óscar: *Estimado lector*. ESIC, Madrid, 2004.

BIRD, Drayton: *Marketing directo con sentido común*. Diaz de Santos, Madrid, 1991.

BLAKE, Gary y BLY, Robert W.: *The Elements of Copywriting: The Essential Guide to Creating Copy That Gets the Results You Want*. Mcmillan, New York, 1998.

BLANCO, Jodee: *The Complete Guide to Publicity*. Allworth Press 2004.

BLY, Robert: *Ads that Sell. How to Create Advertising That Gets Results*. Asher-Gallant Press, New York, 1988.

BLY, Robert W.: *How to Get Your Book Published*. Robin Press, 2000.

BLY, Robert W.: *The Copywriter's Handbook. A Step-by-Step Guide to Writing Copy that Sells*, Henry Holt, New York, 1985.

BLY, Robert W.: *Direct Response Letter: Resources, ideas, and tips for improving response to business-to-business, high-tech, and direct marketing*. McMillan, New York, 2005.

BOOK, Albert C. y SCHICK, C. Dennis: *Fundamentals of Copy and Layout*. McGraw-Hill, New Jersey, 1996.

BOVÉE, L. y ARENS, F.: *Contemporary Advertising*. Irwin, Boston, 1992.

BRANNAN, Tom: *The Effective Advertiser.* Butterworth Heinemann, Oxford, 1993.

CAPLES, John y HAHN, Fred E.: *Tested Advertising Methods*. Prentice Hall, 1998.

CASSANI, Daniel: *La cocina de la escritura*, Anagrama, Barcelona, 1996.

CAYWOOD, Clarke L.: *The Handbook of Strategic Public Relations & Integrated Communications*. McGraw-Hill, 1997.

CSIKSZENTMIHALYI, M.: *Creatividad. El fluir y la psicología del descubrimiento y la invención*, Paidós, Barcelona, 1998.

COSTA, Joan: *Imagen corporative en el siglo XXI*, Paidós, Barcelona, 2002.

CROMPTON, Alistair: *The craft of copywriting*. Business Books, London, 1991.

D&AD: *The Copy Book (How 32 of the world´s best advertising writers write their advertising)*. The Designers & Art Director Association, London, 1995.

DE BONO, E.: *La práctica de pensar.* Karios, 1973.

ECCLES, Robert y NOHRIA, Nitin: *Más allá de la palabrería*, Apóstrofe, Barcelona,1995.

Estudio Infoadex de la inversión publicitaria en España 2004. Infoadex, Madrid, 2005 (y sucesivos).

ETZIONI, A.: *The Third way to a good Society*, Demos, Londres, 2000.

FOSTER, T. R. V.: *101 métodos para generar ideas. Cómo ayudar a estimular la creatividad*. Deusto, Bilbao, 1993.

FOX, S.: *The mirror makers. A history of American advertising and its creators*. New York: William Morrow and Company, 1984.

GABAY, J. Jonathan *Copywriting. (Teach Yourself Business & Professional)*. Teach Yourself, 2003.

HAHN, Fred: *Do-It-Yourself Advertising. How to Produce Great Ads, Brochures, Catalogs, Direct Mail, and Much More.* John Wiley, New York, 1993.

HAUSER, R.: *Cómo concebir y Redactar una Publicidad Directa Eficaz.* Deusto, 1989.

HAYAKAWA, S. I.: *El Lenguaje en el pensamiento y en la acción.* Uteha, México, 1967.

HAYAKAWA, S.I.: *Language in Thought and Action*. Harcourt, Brace & World, Inc., New York, 1939.

HIGGINS, Denis: *El arte de escribir publicidad.* McGraw-Hill, México, 1991.

HOPKINS, Claude: *Mi vida en Publicidad,* Eresma, Madrid, 1980.

JONES, M. y HEALEY, J.: *Miracle Sales Guide.* Prentice-Hall, 1973.

JUGENHEIMER, Donald y WHITE, Gordon: *Basic Advertising.* South-Westem Publishing Co., Cincinnati, 1991.

KOHL, Susan Y.: *Getting Attention, Leading-Edge Lessons for Publicity and Marketing.* Butterworth-Heinemann, 2000.

LEVY KLEIN, Erika: *Write Great Ads.* John Wiley & Sons, New York, 1990.

LEVY, Mark: *Escritura y creatividad.* Paidós Plural, Barcelona, 2001

LEWIS, Herschell G.: *On the Art of Writing Copy.* Amer Management, 2000.

LEWIS, Herschell G.: *Power Copywriting: Dynamic New Communications Techniques to Help You Sell More Products and Services.* Bartnell Corp., 1994.

LORENTE, Joaquín: *Casi todo lo que sé de publicidad,* Folio, Barcelona, 1986.

LORENTE, Joaquín: *Ciudadanos de la Tierra*, Quarto (Folio), Barcelona, 2004.

MARTÍN, G.W.: *Cómo comunicar mejor por escrito.* Deusto, Bilbao, 1985.

MCINTYRE, Catherine V.: *Writing Effective News Releases...: How to Get Free Publicity for Yourself, Your Business, or Your Organization.* Piccadilly Books, 1992.

MESSNER, Fredrick R.: *Industrial Advertising. Planning, creating and evaluating.* McGraw-Hill, New York, 1963.

NORINS, Hanley: *The Compleat Copywriter.* McGraw-Hill, New Jersey, 1966.

NORRIS, James: *Advertising.* Prentice-Hall, 4th edition, New Jersey, 1994.

OGILVY, David: *Anotaciones privadas.* Folio, Barcelona, 1990.

OGILVY, David: *Ogilvy & Publicidad.* Folio, Barcelona, 1984.

PALMIERI, Ricardo: *En pocas palabras. Manual de redacción publicitaria para avisos gráficos y folletos.* La Crujía, Buenos Aires, 2003.

O'TOOLE, John: *The Trouble with Advertising.* Ranolow House, 2ª edición, New York, 1985.

QUINN, Patrick: *Secrets pour rédiger sa publicité.* Top Editions, Paris, 1991.

REY, Juan: *Palabras para vender, palabras para soñar.* Paidós, Barcelona, 1996.

RICARTE, José M.: *Creatividad y comunicación persuasiva.* Aldea Global, Barcelona, 1998.

RING, Jim: *La publicidad a debate.* Folio, Barcelona, 1993.

RODRÍGUEZ, Santiago: *Creatividad en marketing directo.* Asociación Española de Marketing Directo, Barcelona, 1996.

RUIZ COLLANTES, Xavier: *Retórica Creativa*, Aldea Global, Universidad Autónoma de Barcelona, Barcelona, 2000.

SADGROVE, Kit: *Writing to Sell.* Hale, London, 1991.

SALVI, M.: *El arte de redactar.* Lidium, 1982.

SCHWAB, Victor O.: *How to Write a Good Advertisement.* Harper & Row, New York, 1962.

STEIN, Donna B. y KEMSKE, Floyd: *Write on Target.* Contemporary Books, Chicago, 1997.

SUGARMAN, Joseph: *Advertising Secrets of the Written Word: The Ultimate Resource on How to Write Powerful Advertising Copy from One of America's Top Copywriters and Mail Order Entrepreneurs.* Delstar Pub, 1998.

SULLIVAN, Luke: *Hey, Whipple, Squeeze This.* John Wiley & Sons, 1998.

TOSCANI, Oliverio: *Adiós a la publicidad.* Omega, Barcelona, 1996.

VAN RIPER, Guernsey: *Words at work in advertising.* Indianapolis, Caldwell, Larkin & Sidener-Van Riper, 1956

WARD BURTON, Philip: *Advertising Copywriting.* NTC Business Books, Lincoln-wood (Chicago), 1995.

WELLS, William D.; BURNETT, John y MORIARTY, Sandra: *Advertising: Principles and Practice.* Prentice Hall, 2002.

WERZ, Edward y GERMAIN, Sally: *Phrases That Sell: The Ultimate Phrase Finder to Help You Promote Your Products, Services, and Ideas.* Contemporary Books, Chicago, 1998.

WHEELER, E.: *Frases que han hecho vender.* Miracle, 1968.

WIMBS, Diana: *Freelance Copywriting.* A & C Black, 1999.

WRIGHT, John S. y WARNER, Daniel S.: *Speaking of Advertising.* McGraw-Hill, New York, 1963.

YOUNG, W.: James. *Una técnica para producir ideas.* Eresma, 1982.

YUDKIN, Marcia: *Six Steps to Free Publicity.* Plume Books, 1994.